目 录

引 言 …………………………………………………………… 1

第一编 传统中国

第一章 小农中国 …………………………………………… 9

第二章 帝学中国 …………………………………………… 28

第三章 儒教中国 …………………………………………… 63

第四章 士人中国 …………………………………………… 74

第二编 转型与重铸

第五章 社会危机与整体转型 ……………………………… 91

第六章 从天下国家到民族国家 …………………………… 112

第七章 从差序格局到平权格局 …………………………… 130

第八章 从为民做主到人民民主 …………………………… 145

第九章 从权力政治到政治文明 …………………………… 165

第十章 从官本到人本的文化建设 ………………………… 188

结 语 …………………………………………………… 203

建议阅读书目 …………………………………………… 206

引　言

一、写　作　缘　起

"中国社会政治分析"是当代中国政治学的一门前沿性课程,在复旦大学(先作为研究生的讨论课,后延及本科)、上海政法学院等高校作了探索性开设,国内至今尚无教材。该课在上海政法学院开设已五年,授课老师主要根据研究心得,自制讲义,展开学习讨论。

记得可能是 1995 年,现复旦大学政治学系主任臧志军教授为我们开设此课,他开列了包括瞿同祖的《中国法律与中国社会》、梁漱溟的《中国文化要义》、胡如雷的《中国封建社会形态研究》、王亚南的《中国官僚政治研究》在内的 10 多本经典书目,我们一路研读过来,颇感引人入胜。自此,笔者开始有了系统认识中国社会的想法,甚至萌生了写本与此相关的小书的念头。然而,事后看来,此确有点"初生牛犊不怕虎"的劲头。细致研读的结果是,感觉此事困难颇大。究竟如何下笔,形成什么样的框架,颇费踌躇。其后,此事经历了多次反复,一晃十几年过去,始终难成正果。

还好,两年前学校将"中国社会政治分析"列入教育高地建设规划。这就促使笔者系统整理十多年来的研究思路,以便尽快理出头绪来。此最终结果即为一部研究型教材,或谓专著型教材,权作今后上课讨论之基础与框架。

二、结构与特色

　　写作此书是笔者系统认识中国社会的尝试。如何认识中国社会？笔者追随费孝通先生的思路，先从认识中国农村起步。费孝通先生说："我一生的希望，也可以说我过去工作的中心，而且今后还要继续坚持下去的，就是能认识中国社会，首先是农村社会，弄清楚中国农村社会究竟有哪些基本特点。世界各国都在迈向现代化，我们也不能例外，但要设计我们自己的道路。这就先得要求我们认识中国历史所造成的特点。"[①]笔者认为，中国社会转型的逻辑起点是传统社会，目标是走向现代。中国的社会转型，如从第一次鸦片战争失败算起，距今已有170多年的历史，如从学习西方的自强运动算起也有150多年。目前这一艰难的社会大转型仍未完成，还在继续。很清楚，如果不能认识传统中国社会的特质，我们就难以理解中国的社会转型是如何一路走来并将走向何方。问题是如何认识传统中国社会？笔者认为，研究时下农村社会，尤其是中西部农村，是认识传统中国社会的现实支点[②]。因为与传统社会最为相近的，就是农村社会，农村社会最为完整地保留了传统社会的基因与特质。何况中国的社会转型，也是从农业社会到现代工商社会。因此，深入研究当代中国农村，是反观传统社会的最好的一面镜子，也是认识中国社会的有效路径选择。甚至可以这样说，毛泽东不到农村搞调查，就不会写出作为经典的《湖南农民运动考察报告》，他就难以形成中国革命的基本思路；费孝通不到农村搞调查，就不会有著名的《江村经济》与《乡土重建》，他也难以提出破解传统中国基本问题（贫困问题）的根

---

　　① 费孝通：《学术自述与反思》，三联书店1996年版，第30页。
　　② 固然借助历史文献是认识中国传统社会的一个重要视角，但不可否认的是社会科学研究中的现实感与经验体悟是非常重要的。费孝通先生的《乡土中国》一书，就是通过现实农村调查，观照研究传统中国的经典例子。

本思路,即"无工不富"。

本书在长期进行农村调查的基础上,通过当下农村观照传统中国,进而建构起传统中国社会的"理想图式"。这种传统中国的"理想图式"或韦伯讲的"理想类型",是中国社会转型的逻辑起点,也是社会科学研究文本叙事的逻辑起点。本书建构的传统中国的"理想图式",包括"小农中国"、"帝制中国"、"儒教中国"与"士人中国"四大版块(讲版块仅是从叙述结构上讲)的组合,四者(也即小农经济、帝国政治、儒家文化、士绅社会)构成四位一体、互为强化的有机整体。传统中国社会的转型,也就是此四者构成的有机整体的整体大转型。因此,"小农中国"、"帝制中国"、"儒教中国"与"士人中国",就构成本书第一编"传统中国"的前四章。

这样,"传统中国"的"理想图式"有了,接下来就是中国传统社会转型的文本叙事。本书借鉴黄仁宇先生《中国大历史》与许倬云先生《历史大脉络》的宏观叙事模式,以泼墨山水的手法,直接勾勒中国社会政治转型的大脉络,而不受僵化的历史分期及具体时间节点的束缚。本书认为中国社会政治转型与重铸的大脉络有:"从天下国家到民族国家"、"从差序格局到平权格局"、"从为民做主到人民民主"、"从权力政治到政治文明"、"从官本到人本的文化建设"。它们就依次构成本书第二编"转型与重铸"的第六至第十章(当然,逻辑上在本编的起始章即第五章,先交代近代中国的"社会危机与整体转型"问题)。

框架结构上的创意,构成本书最大的特色。当然,在本书的各个部分,笔者也尝试了力图展现政治学中国化的富有创意的努力。如在"帝制中国"一章,笔者就从"天下国家"、"政治早熟"、"打天下与治天下"、"以德治国"、"政治底色"五个层面,来系统探讨传统中国政治的形态结构与治理机制。本书的另一特色是,试图将传统中国的经济、政治、社会、文化四位糅成一体,以便从中把中国的社会政治构造及其运作机制理出个道道来。然而,此绝非易事。

另外,中华民族及其社会政治成长有其独特的生态环境,此问题不便列入本书的主体框架,故在本书的引言部分予以交代。

三、中华民族的生态环境分析

每一民族都有自己成长的生态环境,这一生态环境对其社会政治模式与发展道路的选择有重大影响。而且,越往前追溯,生态环境的影响就越大。

关于人类与其生存环境的关系问题,很早就受到人们的关注。《周易》就有"仰以观于天文,俯以察于地理"①之类的全面审视生存环境的主张。古希腊历史学家希罗多德认为,地理环境提供了历史与文化的自然背景和舞台场景,历史事实与它联系在一起才具有意义。文艺复兴时期法国著名学者博丹认为,"某个民族的心理特点决定于这个民族赖以发展的自然条件的总和"②。孟德斯鸠甚至认为,国家制度和文化类型也取决于地理环境,尤其是气候。"热带民族的怯懦常常使这些民族成为奴隶,而寒冷气候的民族的勇敢使他们能够维护自己的自由。"他指出:"墨西哥和秘鲁的专制国家都是接近赤道的;差不多所有自由的小民族在过去和现在都是接近两极的。"③李大钊先生则从地理纬度角度,提出了所谓的"南道文明"与"北道文明"。"南道文明者,东洋文明也;北道文明者,西洋文明也。南道得太阳之恩惠多,受自然之赐予厚,故其文明为与自然和解、与同类和解之文明。北道得太阳之恩惠少,受自然之赐予啬,故其文明为与自然奋斗、与同类奋斗之文明。"④很明显,这些论断都有地理环境决定论的嫌疑。固然我们不能苟同地理环境决定论,但无可否认,地理环境尤

---

① 《易·系辞上》。
② 冯天瑜、何晓明、周积明:《中华文化史》,上海人民出版社 2010 年版,第 6 页。
③ 孟德斯鸠:《论法的精神》,商务印书馆 1961 年版,第 273 页。
④ 李大钊:"东西文明根本之异点",《言治》季刊第三册。

其是对一个国家的初始制度选择有重大影响。黄仁宇先生明确指出：前后贯通看来，中国历史发展当中有无可避免的地缘政治因素在，它的影响超过所有历史人物及各朝代作为的总和。综合起来可以归并于亚洲大陆整体性所赋予历史的影响①。

　　与古希腊对比，正是由于地理生态环境的迥异，中国与它们走上完全不同的发展道路。顾准先生指出："希腊人原来是蛮族，他们来到希腊半岛和爱琴海诸岛屿，开始也是务农。然而那里土壤太贫瘠，而爱琴海和东地中海的曲折海岸和多岛而不广阔的海域，使他们很快进入以通商、航海和手工业为主。很幸运，他们周围是一些丰饶的文明的王国或帝国（巴比伦、埃及）；远处，黑海和地中海两边有蛮族，但也是开化的蛮族（凯尔特、'斯基泰'人、柏柏尔人等）。既然有如此独特的地理条件，又以商业、航海和手工业为生，他们本民族无需从独立城邦建成统一的民族帝国来抵御外敌，所以，甚至荷马时代的巴息流斯（部落王）也被民主制度（虽然多半是贵族的寡头政治）所取代了。这种环境，是埃及、两河流域、波斯、中国、印度所没有的。她们都是大陆国家，她们不能不以牲畜和农耕为主。她们的大陆而非海岛半岛的地理环境，使她们不得不一开始就建成王国或帝国。"②杜亚泉（笔名伦父）先生也指出，西洋文明发源于地中海沿岸，这里"交通便利，宜于商业，贸迁远服，操奇计赢，竞争自烈"。而中国文明发达于黄河沿岸，这里"土地沃衍，宜于农业，人各自给，安于里井，竞争较少"。这两方面的差别，导致东西方社会"全然殊异"，进而造成文化的大相分歧：西洋"以自然为恶"，"注意人为"，中国"以自然为善，一切皆以体天意尊天命循天理为主"。由此派生出西洋的"主动文明"，中国的"主静文明"。"两种文明，各现特殊之景趣与色彩。即动的文明，具都市的景趣，带繁复的色彩，而静的文明，具田野的景趣，带恬

　　① 黄仁宇：《中国大历史》，三联书店1997年版，第234页。
　　② 顾准：《顾准文集》，吉林人民出版社2001年版，第148—149页。

淡的色彩。"①可以看出，希腊半岛多山，土地贫瘠，几乎不太适合发展农业。而中国所处的亚洲大陆东部是广阔的平原，土地肥沃，黄河、长江穿流而过，水系发达，非常适合农业发展。而且，上天对中华民族也特别照顾，其所在的地域，在最热的季节降雨也最多，而不像地中海一带冬季雨量却偏多②，这就天然最适合农作物的生长。因此，中国很早就形成以农业为基础的独具特色的文明。

另外，中华民族的成长有广阔的腹地，冯天瑜先生指出，中华文化拥有一个较之其他古文化更为辽阔的发展基地。他说，中华文化重要的发祥地之一是黄河流域。这片七八十万平方千米的黄土高原和冲积平原，在古代曾经是林茂草肥、自然生态环境良好的地域，华夏先民在这里狩猎、放牧，进而发展农耕业，奠定了文明的根基。但中华文化的策源地又绝不限于黄河流域。云南元谋、陕西蓝田、北京周口店等猿人化石的发现，表明中华民族的祖先早在一百多万年前至几十万年前，已栖息于东亚大陆的广大区间。近几十年的考古发掘证明，不仅黄河流域，而且长江流域乃至辽河流域以及西南的崇山峻岭间，也都有长达四五千年的文明史，同样是中华文化的摇篮。这些区域的面积，当在五百万平方千米左右③。中华民族具有广阔的成长空间，这对中国社会政治发展自成体系、中华文化长期绵延而不至中断，有着不可估量的巨大影响。

---

① 伦父："静的文明与动的文明"，《东方杂志》第十三卷，第十号。
② 孙达人：《中国农民变迁论》，中央编译出版社1996年版，第31页。
③ 冯天瑜、何晓明、周积明：《中华文化史》，上海人民出版社2010年版，第25—26页。

第一编 传统中国

本书"传统中国"的界定,取法费孝通教授在《中国绅士》一书中所用的"传统社会"概念,即指公元前200年前封建制度崩溃之后,中央君主制权力下帝国的统一时期①。也即何怀宏先生所讲的从秦汉至晚清的"选举社会"时期,此有别于先前的"世袭社会",国家治权开放,官员通过选举(包括"察举"与"科举")产生②。关于传统中国社会的形态结构,黄仁宇先生有一个形象说法,即"潜水艇夹心面包"。"上面一块长面包称为官僚阶级,下面一块长面包称为农民,两者都混同一致,缺乏个别色彩。当中的事物,其为文化精华或是施政方针或者科举考试的要点,无非都是一种人身上的道德标准,以符合农村以亿万计之小自耕农的简单一致。以这道德标准辅助刑法,中国缺乏结构上的实力使之成为一个现代国家,她缺乏必要的应变能力。"③也就是说,传统中国社会在形态上,其底层结构为小农经济,上层结构为以皇帝和官僚为代表的帝国政治,而将小农经济与帝国政治上下接合起来的则为中国传统的文化组织机制,包括儒家文化、家族组织(两者是传统中国社会的中心领导力量——士人阶层组织中国的工具)等。因此,本书就从小农经济、帝国政治、儒家文化、士绅社会等方面,对传统中国的形态结构作一系统分析。

---

① 费孝通:《中国绅士》,中国社会科学出版社2006年版,第2页。
② 何怀宏:《选举社会——秦汉至晚清社会形态研究》,北京大学出版社2011年版,第1—2页。
③ 黄仁宇:《中国大历史》,三联书店1997年版,第231页。

第一章
小农中国

农业是传统中国的立足之本和生命线。从新石器时代中晚期起,小农生产方式在远古先民中就已基本成型,并逐步成为中国社会经济生产的主导方式。小农生产方式的确立与长期维持,对传统中国社会结构、政治形态与文化传统的形成具有根本性的影响。

一、定居农业与差序格局

以家庭为基本劳动单位的小农经济,是中国传统社会结构的基石与根本立足点。在从蒙昧时代向文明社会的转换过程中,中国社会的最大特色是小农生产方式的初步确立与氏族组织形态的完善,它们是决定中国社会结构基本模式和运动形态的最早成因之一[①]。一般说来,以血缘关系组织社会是世界各地人类早期的普遍特点,然而,在随后国家的萌芽、生成的过程中,中西文明开始分叉[②]。根本原因在于古代西方(如古希腊罗马)是在打破血缘关系而以地域组织为

[①] 沈大德、吴廷嘉:《黄土板结——中国传统社会结构探析》,浙江人民出版社1994年版,第1页。

[②] 20世纪90年代中期,复旦大学国际政治系曹沛霖教授在给博士生授课过程中,曾对中西文明分叉现象作了系统分析。

基础建立国家,而血缘关系在中国早期国家的形成过程中不仅未解体,反而不断凝固。这与古代中国以小农经济为基础的农业社会结构高度相关。这种形态的社会结构,深刻地影响(甚至在某种程度上决定)着传统中国的政治形态与文化形态的特质。王沪宁先生指出,中国古代政治实际上是从统治家族的血缘逻辑上演展而来,血缘关系构成政治权力分配和传递的基本依据,中国古代政治生活历来贯穿着浓厚的血缘情感①。中国以儒家为代表的传统文化中的"爱有差等",实际上就是以血缘关系为基础的农业社会结构在文化上的投影(下文详述)。

以血缘关系为基础的社会结构的形成,与定居农业高度相关。早在新石器时代的中晚期,中国大部分地区就已进入农业定居阶段。黄河中游龙山文化遗址中发现了三口水井,凿井技术已颇为高超。井的发明大大提高了我国先民的生产、生活能力,扩大了农业定居的地域与规模。农业定居使中国较早获得了一个相对安定的社会环境,迅速发展起自己特有的农业文明,并建立起相应的传统文化,成为世界上最早的古文明发源地之一。从仰韶文化、龙山文化与大汶口文化的遗址中可以看出,家畜饲养与制陶并未发展成为独立的畜牧业与手工业,并从定居农业的经济形态中分化出来,而是和后者紧密结合,并附属于后者,进而增加了定居农业的自给自足性质,这是中国早期社会结构中,值得高度重视的一个突出特征,也是中国与西方社会文明不同的一个重要根据②。定居农业及以农为基础、农工结合,决定了传统中国社会结构的基本格局。

以小农为基础的定居农业(小农经济与聚村而居结合),是解读传统中国社会结构、破解中国历史之谜的一把钥匙。本来,农作的分工程度很浅,无需许多人群居在一起。耕种活动至多在男女间有一

① 王沪宁:《当代中国村落家族文化》,上海人民出版社1991年版,第47页。
② 沈大德、吴廷嘉:《黄土板结——中国传统社会结构探析》,浙江人民出版社1994年版,第9—10页。

些分工,主要是因为在某一时间段里男的忙不过来,家里人出来帮帮忙罢了。然而,传统中国的农民基本上是聚村而居,可以想象那是出于农业本身以外的原因了。费孝通先生认为有如下理由:第一,每家所耕的面积小,所谓小农经营,所以聚在一起住,住宅和农场不会距离过分远;第二,需要水利的地方,他们有合作的需要,在一起住,合作起来方便;第三,为了安全,人多了容易保卫;第四,土地平等继承的原则下,兄弟分别继承祖上的遗业,使人口在一地方一代一代地积起来,成为相当大的村落①。然而,耕地毕竟是有限的,世代定居、人口增殖,就迫使小农经济往精耕细作方向发展。这种以小农经营为基础聚村而居的精耕细作农业,长久以来遂决定了中国的人际关系、人与人群的关系、人与自然的关系②。费孝通先生指出,种地决定了小农区别于游牧或做工业的完全不同的生活方式。游牧的人可以逐水草而居,飘忽不定;做工业的人可以择地而居,迁移无碍;而种地的人却搬不动地,长在土地里的庄稼行动不得,伺候庄稼的老农因之像是半身插入了土里③。因此,以农为生的人,世代定居是常态,迁移是非常态。这一点对中国的社会性质影响很大。然而,美国的乡下大多是一户人家自成一个单位,很少有屋檐相接的邻居。这是源自他们早年拓殖时代,人少地多的结果,同时也留存了他们个别负责、独来独往的精神。与美国不同的是,中国农民聚村而居、世代定居,每个孩子都是在人家眼中看着长大的,在孩子眼里周围的人也是从小就看惯的,这就形成了中国独具特色的"熟人"社会、礼俗社会④。

占据一定地盘,聚村而居、世代定居,人口就会以一定的血缘中心点,不断向外滋生弥散,形成有远近亲疏关系的环状族群结构(家族)。笔者曾根据某一姓氏族谱详细研究过山东中部的康村,在"大

---

① 费孝通:《乡土中国 生育制度》,北京大学出版社1998年版,第8、9页。
② 许倬云:《历史大脉络》,广西师范大学出版社2009年版,第48页。
③ 费孝通:《乡土中国 生育制度》,北京大学出版社1998年版,第7页。
④ 同上书,第8—9页。

明鼎革之际"(约1620年)仅有迁居到此的朱峦夫妇2人,然在此"根基"上人口与村庄规模不断拓展。到1948年即衍生到第17代,该村(始终为单姓村)人口计有110户410人,形成同宗10多个宗支并存的格局。当时,该村耕地共有1 117亩。再到1997年,人口则增殖到250户775人。全村耕地面积为1 181亩[1]。这是一个普遍有血缘关系的社会结构,其人口增殖很快,而人均耕地面积则不断减少。从1948年到1997年的50年间,人口增加接近一倍,而人均耕地则由2.7亩剧减到1.5亩。因此,在土地上不断增加劳动投入,精耕细作,是人口压力的必然结果。可以想象,中国基层社会分布着无数个类似的走向精耕细作的家族制聚居群落。梁启超先生早就指出:"吾国社会之组织,以家族为单位,不以个人为单位。"[2]中国的社会单元是家庭而不是个人,家庭才是当地社会政治生活中的负责的成分,村子里的中国人是按家族制组织起来的[3]。考古学者卜工先生指出,近万年以来的古代中国与世界上的许多地区特别是欧洲大陆不同,社会的基本组织不是氏族而是家族[4]。家族制在构造中国社会结构与决定中国文化底色上的意义重大,梁漱溟先生指出:"中国的家族制度在其全部文化中所处地位之重要,极其根深蒂固,亦是世界闻名的。"他还说:"亡友卢康济颖悟过人,十年前曾对我说,马克思著《资本论》,于是西方社会赖以阐明;我今要著《家族论》以说明中国的社会史……可惜书未成而身先死……这个工作,今后学术界上还需有人担负。"[5]当然,普遍向精耕细作发展的农业已难堪人口增殖之重,这也预示了今后中国社会转型的基本方向,一是通过社会变革使稀缺资源的分配与使用更为公正,二是大力引进与发展近现代科技,通过

---

① 朱新山:《康村组织变迁》,《学术交流》1999年第6期。
② 梁漱溟:《中国文化要义》,学林出版社1987年版,第70页。
③ 费正清:《美国与中国》,世界知识出版社1999年版,第22—25页。
④ 卜工:《历史选择中国模式》,科学出版社2009年版,第206页。
⑤ 梁漱溟:《中国文化要义》,学林出版社1987年版,第11、76页。

科学技术的升级不断提高农业产出。

生活在无数村落中的亿万小农,按家族制的血缘亲情原则组织起来,在社会形态上就呈现"伦理本位"的社会。梁漱溟先生指出,中国人就家庭关系推广发挥,以伦理组织社会,形成"伦理本位的社会"。他经典性地描述了这种"伦理本位"社会的特点:"人一生下来,便有与他相关系之人(父母、兄弟等),人生且将始终在与人相关系中而生活(不能离社会),如此则知,人生实存于各种关系之上。此种种关系,即是种种伦理……家人父子,是其天然基本关系;故伦理首重家庭。父母总是最先有的,再则有兄弟姐妹。既长,则有夫妇,有子女;而宗族戚党亦即由此而生。出来到社会上,于教学则有师徒;于经济则有东伙;于政治则有君臣官民;平素多往返,遇事相扶持,则有乡邻朋友。随一个人年龄和生活之开展,而渐有其四面八方若近若远数不尽的关系。是关系,皆是伦理;伦理始于家庭,而不止于家庭。""吾人亲切相关之情,发乎天伦骨肉,以至于一切相关之人,随其相与之深浅久暂,而莫不自然有其情分。因情而有义。父义当慈,子义当孝,兄之义友,弟之义恭。夫妇、朋友,乃至一切相与之人,莫不自然互有应尽之义。伦理关系,即是情谊关系,亦即是其相互间的一种义务关系。伦理之'理',盖即于此情与义上见之。更为表示彼此亲切,加重其情与义,则于师恒曰'师父',而有'徒子徒孙'之说;于官恒曰'父母官',而有'子民'之说;于乡邻朋友,则互以伯叔兄弟相呼。举整个社会各种关系而一概家庭化之,务使其情益亲,其义益重。由是乃使居此社会中者,每一个人对于其四面八方的伦理关系,各负有其相当义务;同时,其四面八方与他有伦理关系之人,亦各对他负有义务。全社会之人,不期而辗转互相连锁起来,无形中成为一种组织。"①伦理乃组织社会之本,整个社会就是一个大"家"。

费孝通先生进一步将这种以"伦理组织社会"的结构形态,从社

————

① 梁漱溟:《中国文化要义》,学林出版社1987年版,第79—80页。

会学理论层面做了概括，称为"差序格局"。他指出，社会结构是以"己"为中心，按照亲属关系的远近向外扩展的亲属关系网。每个人和别人形成的社会关系就像石子投入水中形成的波纹一般，一圈圈推出去，愈推愈远，也愈推愈薄。从生育和婚姻所结成的关系网络，可以一直推出去包括无穷的人，过去的、现在的和未来的人物。每个人都是他社会影响所推出去的圈子的中心。被圈子的波纹所推及的就发生关系[①]。传统中国的人伦关系结构按他的解释是，从自己推出去的和自己发生社会关系的那一群人里所发生的一轮轮差序。人伦关系有远近亲疏，人们就按照远近亲疏的礼法原则为人处世。这样，在以小农生产、世代定居的基础上，就会形成以"差序格局"为基本特点的传统中国的社会形态结构。这种人与人关系的"差序格局"，不但亲属关系如此，地缘关系也是如此。在地缘结构上，每一家以自己的地位作中心，周围划出一个圈子，这个圈子是"街坊"。有喜事要请酒，生了孩子要送红蛋，有丧事要出来助殓、抬棺材，是生活上的互助机构。可是这不是一个固定的团体，而是一个范围。范围的大小也要依着中心的势力厚薄而定。有势力的人家的街坊可以遍及全村，穷苦人家的街坊只是比邻的两三家[②]。传统中国人在这种有远近亲疏的人伦关系结构中浸染日久，处理人际关系就遵循"因亲及亲，因友及友"的思路，遇事求助自然也由近及远，先父子兄弟，再亲朋里党，喜托人情，找关系。不可否认，这种为人处世的行为模式对今天的中国人仍有不可估量的重大影响。

实际上，"差序格局"并不局限在乡土层面，笔者认为古代中国从国家结构形式到国家管理机制，均体现为"差序格局"。在古代中国早期，是按体现人伦差序的"五服"图式设计国家结构的。自从夏朝开始，中国划分为五个同心的和分层次的环状地带或区域。中心区

① 费孝通：《乡土中国　生育制度》，北京大学出版社1998年版，第26—27页。
② 同上。

甸服是皇室管理区，在国王的直接统治之下。直接环绕皇室管理区
的是国王分封的列国，被称为侯服。侯服之外一层，构成所谓绥服或
宾服。最后两个地区是留给"蛮夷"的。生活在绥服或宾服外面的蛮
夷居地称为要服（受管制地区），是隶属于中国人控制之下的松散地
区。最后，在控制地区以外的是戎狄，他们在荒服（荒凉的地区）中基
本上是自己做主。这五个等级对中央的关系还通过不同地区奉献给
国王的贡赋名目（包括地方土产和服役）有所表现。大体上，贡赋是
按递降的次序由从王室管理区到荒凉地区的五类百姓交纳的[①]。对
此，《国语》中有一段清楚的记载："甸服者祭，侯服者祀，宾服者享，要
服者贡，荒服者王。日祭、月祀、时享、岁贡、终王，先王之训也。"[②]也
就是说，国王按日从甸服收取贡赋，按月从侯服、按三个月向绥（宾）
服、按年向要服收取贡赋，对荒服则只收一次。这种差序形态的国家
结构，在进入帝国时代仍很清晰。余英时先生根据《汉书》等古代典
籍指出，汉代早期的皇室统治区位于以关中命名的京师地区，这个地
区以四座关口和帝国的其余部分隔开。这个地区以外是郡，可分近
郡与远郡。近郡在内地，远郡地处边境并以要塞和关卡对付"蛮夷"。
可看出，近郡和远郡十分类似侯服和绥服。而与要服、荒服粗略相
当，汉朝政府将蛮夷人分为两个较大的集团，即外蛮夷和内蛮夷。一
般说来，外蛮夷生活在汉朝边界之外，因此并不直接受帝国的统治。
与之相反，内蛮夷不但居住在汉帝国之内，而且承担保卫汉朝边境的
责任，如有卫边的羌人、卫边的乌桓等。此外，这种内外的区别在行
政管理方面也制度化了。外蛮夷在归顺汉帝国后，通常处于属国的
地位。在指派一名帝国官员（属国都尉）负责属国事宜的同时，蛮夷
照例可以保存原有的社会风俗和生活方式。另一方面，居住在帝国
之中的归顺的蛮夷组成"部"，直接受汉朝的管理。当状况合适时，帝

---

① 余英时："汉朝的对外关系"，《剑桥中国秦汉史》，中国社会科学出版社 1992 年版，
第 408—409 页。

② 《国语·周语》。

国政府便采取最后步骤,将"部"转变为正式的州郡①。可见,汉代已有一种中国的世界秩序(或谓国家结构)的清晰概念,这种观念是建立在内外之别与远近亲疏的基础上。

不但传统中国的国家结构与国家管理体现"差序格局",而且中国传统文化的核心观念也是"差序格局"的社会结构在文化上的投影。儒家主张"爱有差等",当墨子提出"兼爱"时,就受到孟子的猛烈攻击,认为这是"无父无君,禽兽也"。传统中国法律也体现并维护"差序格局"的社会结构。中国法律从汉代开始儒家化,晋律"峻礼教之防,准五服以治罪",开后代以服制定罪之先河。至唐集其大成,"唐律一准乎礼",最终形成法律为礼教所支配的局面②。以礼入法,明刑弼教,以此巩固人伦之大防。传统中国的皇帝更是会利用甚至建构"差序格局",来维护其统治。如科举制推行后,皇帝在科考中增加最高一层即殿试,皇帝亲自出卷并主持考试。考生过关者,即成为"天子门生",享有无限恩宠,他们怎能不对皇帝感激涕零呢?

在传统中国文化成型后,以中国农人为中心的这种"差序格局"还具有快速复制与拓展的功能。以定居农业为基础的农村是中国共同体的基础,中国历史上的疆域就以此为基础在人口增殖压力下不断外扩。可以想象,一片土地只要经过几代的繁殖,人口就到了饱和点;过剩的人口自得"宣泄"出去,负起锄头去另辟新地。这些"宣泄"出去的人,像是从老树上被风吹出去的种子,找到土地生存了,又形成一个小小的家族殖民地③。另外,农村也有因为天灾人祸,以致难以维生的时候。逃离家乡的农夫,扶老携幼,逃亡他乡,却在他乡又建立了老家的翻版,甚至地名也整个搬过去。传统的社会结构模式,就一模一样地在异地得到复制。因此,中国疆域的扩张,很少是由于

① 余英时:"汉朝的对外关系",《剑桥中国秦汉史》,中国社会科学出版社1992年版,第411—412页。
② 《瞿同祖法学论著集》,中国政法大学出版社1998年版,第387页。
③ 费孝通:《乡土中国 生育制度》,北京大学出版社1998年版,第8页。

国家大军出征取得新的领土;更为常态的,毋宁说是随着一波又一波的移民潮,"中国"的疆域扩大了。政府的治理,通常是接踵而至的后续行为①。这样,中国核心地区的传统社会结构与组织模式,就不断扩展到四周地区。

由于小农生产方式在传统中国高度稳定,以"差序格局"为基本特点的传统社会形态结构就能长久维持。

二、小农经济与帝国政治

小农经济是传统中国的基础构造。中国的帝国政治结构就建立在小农经济的基础上,帝国政权的维持依赖小农的纳税当兵。帝国的皇权治理结构也发端与取法于小农家长制,因而皇帝在上像家长,小农家长在下像土皇帝。

自秦汉以来,中国就形成了一套相当发达和完整的集权化的行政科层系统。但这种集权型的政治,却是建立在由小农经济所形成的分散的经济、社会结构的基础上。小农经济是构筑和维持帝制政治大厦的最好基础。马克思认为小农由于生产方式的制约,不能自我代表,建筑其上的高高在上的皇权为其提供了代表与保护。小农的特点表现为各户在生产与生活的条件上十分相似,他们各自主要与土地交换,很少发生横向的经济联系,独立自足。马克思就用装在一条麻袋里面彼此孤立的一个个马铃薯来类比,他指出:"小农人数众多,他们的生活条件相同,但是彼此间并没有发生多种多样的关系。他们的生产方式不是使他们互相交往,而是使他们互相隔离……他们进行生产的地盘,即小块土地,不容许在耕作时进行任何分工,应用任何科学,因而也就没有任何多种多样的发展,没有任何不同的才能,没有任何丰富的社会关系。每一个农户差不多都是自

---

① 许倬云:《历史大脉络》,广西师范大学出版社 2009 年版,第 46 页。

给自足的,都是直接生产自己的大部分消费品,因而他们取得生活资料多半是靠与自然交换,而不是靠与社会交往。一小块土地,一个农民和一个家庭;旁边是另一小块土地,另一个农民和另一个家庭。一批这样的单位就形成一个村子;一批这样的村子就形成一个省……(构成——笔者加)国民的广大群众,便是由一些同名数相加形成的,好像一袋马铃薯是由袋中的一个个马铃薯所集成的那样。"[①]马克思对这种"马铃薯型"小农社会的研究结论是,作为一个个马铃薯的小农不能自己代表自己,一定要别人来代表。他指出,小农"他们不能自己代表自己,一定要别人来代表他们。他们的代表一定要同时是他们的主宰,是高高站在他们上面的权威,是不受限制的政府权力,这种权力保护他们不受其他阶级侵犯,并从上面赐给他们雨水和阳光。所以,归根到底,小农的政治影响表现为行政权支配社会。"[②]因此,以小农经济为基础的乡土社会是生长皇权体制的沃土,费孝通先生就此指出:"这种社会恰是皇权的发祥地,那是因为乡土社会并不是一个富于抵抗能力的组织。"[③]作为一个个马铃薯的小农势单力薄,彼此孤立,不能形成有效的联系,对皇权就构不成任何威胁。

帝制中国统治的物质资源来自对分散农户的提取。帝国政府的实力,以其能否向大批小自耕农征取粮食及人力为准则。然而,由于小农创造农业剩余的能力非常弱,这就决定了建立在小农经济基础上的农业帝国是虚弱的。因此,帝国的政治构造也就相当简单,国家治理缺乏纵深,只得采用间架性设计[④],而且以精神施治为主(所谓以孝治天下)。因为帝国机关一繁复,苛捐杂税就接踵而至,势必超过小农的承受能力,结果只能是官逼民反,天下大乱。因而,中国的儒、

---

① 《马克思恩格斯全集》第8卷,人民出版社1961年版,第217—218页。
② 同上书,第218页。
③ 费孝通:《乡土中国 生育制度》,北京大学出版社1998年版,第62页。
④ 著名历史学家黄仁宇先生提出了古代中国制度构造的"间架性设计"概念,参见黄仁宇:《中国大历史》,三联书店1997年版。

道、法家,均主张政简刑清,这绝不是偶然的。

帝国政府必须想方设法维护对己最为有利的小农经济这一基础构造,防止其他势力的侵凌。黄仁宇先生指出,中国是直接向各个农户抽税的国家。这种税收的基础极为广泛而又非常脆弱。大多数的小自耕农作为当兵纳税的基础,其公平的因素不说,却是在中国乡村中,先摆下了简单和均匀的基础,便于官僚组织的管制。但这种基础与结构极易被土地集中制所破坏,因为在农村中应付税的户数极难隐匿,可是户内所领土地的亩数和人口的口数包括雇工和奴工,则可以出入。如果实际上户数减少,税收必随着短绌。以后政府所能供应的服务,如济贫、地方自卫和水利等,也必为之减缩①。可以说,大凡地主一出现总有威胁这税收基础之趋势,因为和大庄园相比,小农毕竟是较易控制的税收源泉,而且在政治上对中央的威胁也远较大庄园为小,因而历代新朝的开始,多扶植小自耕农的发展②。公元前4世纪的商鞅变法,就鼓励男子一成年便组建独立的家庭。秦始皇不仅认为农民是农业经济中唯一真正产品的生产者,而且认为他们既单纯又受缚于土地,是自己最稳定的属民。许倬云先生认为,在汉代政府看来,保证将农民作为国家的基础,不允许任何私人势力控制人力资源,具有头等的重要性。这种态度就阻止了私人地主控制下的田庄式种植园的出现。虽然特权的社会阶层很容易从自耕农那里攫取土地,但这些土地却大体上仍然是以小块地的形式交给佃农耕种③。然而,在对付私人财产问题上,后汉朝廷暴露出它在制度上和组织上的缺陷,终于造成朝代之覆亡。随后中国进入最长期的分裂时期。出人意料的,对重构中国帝制体系最有实质贡献的,却是所谓的落后的胡人、夷人。拓跋民族在中国历史上最大的贡献是重新创

① 黄仁宇:《中国大历史》,三联书店 1997 年版,第 47、79 页。
② 黄宗智:《华北的小农经济与社会变迁》,中华书局 1986 年版,第 86 页。
③ 许倬云:《汉代农业:早期中国农业经济的形成》,江苏人民出版社 1998 年版,第155—158 页。

造了一个均匀的农村组织,非如此则大帝国的基础就无法立足①。公元5世纪以来的均田目的在于创造一种基层结构,使大多数小自耕农纳税当兵,此原则经后继朝代所沿袭。明初经朱元璋四次政治上的检肃,全国散布着无数的小自耕农②。清政府以少数民族取得政权,更加注重对团体力量的防范。顺治朝曾三度明令,流民不论原籍,均可获得无主荒田的永久所有权。清朝还将本属明朝贵族的庄园土地授予庄园上原来的耕作者,并禁止晚明实行的小农向大庄园主投献田产的政策,又设法限制地主缙绅的优免特权。另外,清朝摊丁入亩的新税制,则不再顾及所有者的法律身份③。所有这些措施的目的在于用政治手段影响资源的配置状况,从而形成最有利于国家统治的社会基础。

传统国家还在社会经济上,采取重农抑商政策,从而巩固国本。劝农就成为传统政府的主导政策,政府还有意提高农民的社会地位。相对而言,商贾则受到压抑。钱穆先生指出,中国自战国以来,工商业已有发展,但中国却没有走上资本主义社会的道路。这是因为中国始终忘不掉古代的制约经济与均产精神。如汉代对商人收税特重,又不许服务政府的官吏兼营商业。到汉武帝时,把铸币权严格控制在政府手里,又把几种百姓日常生活必需的重要工业,如煮盐、冶铁之类,收归国营或官卖。纺织业中像贵重的丝织业,也由政府设官,按年定额出品。酿酒业亦由政府控制。运输业中的重要部门,亦由政府掌握,定为均输制度。市价涨落,由政府特设专官设法监视与平衡,定为市易制度。试问在此种政治设施下,商业资本如何发展。其多拥田地的,政府也屡想规定一最高限额,此所谓"限民名田"。直到王莽时代,并要把全国田亩尽复收归国有,重新分配。这是中国经济思想史上的一条大主流,而且此项经济政策之实施,在此后历史上

① 黄仁宇:《中国大历史》,三联书店1997年版,第88、99页。
② 同上书,第182页。
③ 黄宗智:《华北的小农经济与社会变迁》,中华书局1986年版,第86页。

还是屡见不鲜①。因此,中国传统经济理论与经济政策,足以裁抑商业资本之演进与发展,从而维护有利于帝国统治的均平的经济基础。

帝国的社会政策,也需引起我们的注意。传统中国在权力传承(无论上至国家,下到家族)上,多数时候采取嫡长制,但在财产继承上则采取多子(均分)继承制。这对防止资本积聚,维持以小农为基础的均匀一致的社会经济结构有重要影响。一个小地主,很容易在几个儿子一次分家之后,下降到中农的地位,再一次分家,甚至可能沦为贫农。

虽然这样,但如果稍加放松,威胁帝国基础之"兼并"现象就会出现。这一问题与两千年的帝制政府结下不解之缘②。唐末五代,藩镇控制了人力与兵源,统一的帝国即告解体。清末随着地方权力向士绅转移和地方军事化的发展,清帝国就走到了尽头。民国初年之所以形成军阀割据,就是因为大小军阀控制了地方的人口与税源。阎锡山长期稳坐"山西王",也盖因如此。

全国均匀一致的小农社会结构,是帝国稳固的基础。显然,如果地方势力能够控制资源并自作主张,统一帝国的国本即开始动摇。

三、乡土社会与礼俗文化

细细品来,传统中国文化带有厚重的乡土气息。传统中国历法为农历,传统中国的许多节日,包括最隆重的春节都源自农事。儒家创始人孔子与子路等四弟子谈论人生志向,当曾点说其志趣为:"暮春者,春服既成,冠者五六人,童子六七人,浴乎沂,风乎舞雩,咏而归。"夫子喟然叹曰:"吾与点也!"③可见,夫子之志有恬淡的田园乡土风味。道家创始人老子"小国寡民"的理想目标的乡土气息就更浓,

中国社会政治分析

"至治之极,甘其食,美其服,安其居,乐其俗。邻国相望,鸡犬之声相闻,民至老死,不相往来"①。杜亚泉先生因而指出,中国文化主静,"具田野的景趣,带恬淡的色彩"②。

地处黄土高原、以农为业的古代中国的周人,对传统中国文化基本格调的形成影响很大。以西安为中心的黄土地带,很可能是中国农业的发源地。早期周人流传的民歌(可见《诗经》),就提及很多种类的耕作物。周人之始祖契据说自幼就熟悉栽种植物,成年之后成为商朝的农官。从出土实物来看,自周代之后,青铜的制造设计大不如前。但是这黄土地带的统治者入主中原后,随着就产生许多文学作品,有些至今还传颂不绝③。被孔子推崇备至、对中国礼乐文化的形成发挥关键作用的周公,其所制礼乐更是直接来自周人农业社会日常举行的各种仪式。

中国是礼仪之邦,中国人很早就重礼。公元前4300年至公元前3500年间的大汶口文化遗址中,已发现了玉质礼器。而公元前2400年至公元前2000年的龙山文化遗址中,玉质礼器的生产已经专业化④。孔子曾说,殷因于夏礼,而有所损益,周因于殷礼,而有所损益。由此可知,夏、殷时代已有礼。孔子又说,他能讲述夏礼和殷礼,但由于文献不足,他只能言之,却不能"征之"。从早期礼仪主持者中,产生了中国最早的儒。葛兆光先生指出,古代中国的儒家,很多人觉得它很伟大、很高尚,但它的很多伦理和道德思想,其实就是从当时的家族、生活和仪式里面引申出来的一套规则。"礼云礼云,玉帛云乎哉,乐云乐云,钟鼓云乎哉",说起来,那些三亲六戚、行礼作揖之类的旧时风俗,却支持着好大一个民族和国家的伦理和秩序⑤。据说,孔

① 老子:《道德经》第八十章。
② 伦父:"静的文明与动的文明",《东方杂志》第十三卷,第十号。
③ 黄仁宇:《中国大历史》,三联书店1997年版,第11—13页。
④ 沈大德、吴廷嘉:《黄土板结——中国传统社会结构探析》,浙江人民出版社1994年版,第172页。
⑤ 葛兆光:《古代中国文化讲义》,复旦大学出版社2006年版,第18页。

子小时候就爱摆弄俎、豆,扮演仪式主持。古代中国从殷周时代起,祭祖、丧葬等仪式就特别复杂。可以想象,全家或阖族到祠堂里祭祀共同的祖先,按照男女、辈分、亲疏的不同,穿上不同的衣服,在祖先(立尸)面前排列起来,用丰盛的祭品(血牲、鬯酒)、庄严的音乐(伐鼓、击磬)、严肃的承诺(祭词、祝祷)来沟通自己和祖先。在祖先亡灵面前,在庄严肃穆的气氛中,家族的这种"长幼有序,男女有别,亲疏远近等差"的秩序,就得到了公众的认同与尊敬,就有了合法性与合理性。而每一个人也都在这仪式中确认了自己的血缘来源、自己的家族归属、自己的位置。一个传统中国人在仪式上看见自己的祖先、自己的父祖、自己和自己的子孙的血统在流动,就会觉得生命永恒不止地在延续①。以小农为基础的定居农业,是产生以礼乐为特色的中国文化和传统社会组织机制的深厚经济土壤。

　　传统中国在乡土基层上是一个熟人社会,是生成礼俗文化的社会。费孝通先生指出,乡土社会是没有陌生人的"熟悉"社会,熟悉是从时间里、多方面、经常的接触中所发生的亲密的感觉。在一个熟悉的社会中,我们会得到从心所欲而不逾规矩的自由。规矩不是法律,规矩是"习"出来的礼俗。而现代社会是个陌生人组成的社会,各人不知道各人的底细,所以得讲个明白;还要怕口说无凭,就画个押,签个字。这样才形成法律。在乡土社会中法律是无从发生的。"这不是见外了么?"乡土社会里从熟悉得到信任。这信任就是规矩,是对一种行为的规矩熟悉到不假思索时的可靠性。从熟悉里得来的认识是个别的,并不是抽象的普遍原则。在熟悉的环境里生长的人,不需要这种原则,他只要在接触所及的范围之中知道从手段到目的间的个别关联。《论语》中,孔子在不同的人面前说着不同的话来解释

---

①　葛兆光:《古代中国文化讲义》,复旦大学出版社 2006 年版,第 44 页。

"孝"的意义,就可感觉到乡土社会的特性了①。在小农为主体的乡土社会,只能产生"爱有差等"、差别对待的礼俗社会与礼俗文化。韦伯也指出传统中国社会的特点是,在同一地域生息劳作的家族依靠地缘关系组成村落共同体,构成以共同风俗习惯和规范为纽带的自治群体,这是一个一切以传统为准绳的封闭、自律的社会生活组织②。传统礼俗文化产生于以小农经济为基础的乡土社会,反过来,传统礼俗文化为乡土社会的稳定与有效维持提供支持。

以小农为基础的经济形态和"熟人社会"长期稳定,产生于其上并为其服务的传统规范与文化就能长久维持。在传统社会,只要遵守既有规范就可以解决生活上的各种问题,人们不必去推究"为什么"的问题,只要问"应当怎么办"或是"以前人曾经怎么办的"就够了。也就是说,"民可使由之,不可使知之"的时代,是传统规范有效的时代③。传统规范与文化稳定有效,也决定了以文字见长并掌握传统文化的士人阶层,长期以来一直作为中国社会的中坚力量。很清楚,规范与传统一直有效,就能产生稳定的社会领导。"那时的问题是谁知道规范? 谁知道传统? 知道传统的人具有社会的威望。"④士人熟悉并掌握传统文化,知书明礼,自然获得人们的膺服和敬重,他们的权力和地位就从人们的膺服和敬重中产生⑤。张仲礼先生指出,儒学教义规定和体现了中国社会以及人际关系的准则,士人(绅士)所受的是这种儒学体系的教育,并由此获得管理社会事务的知识,具备这些知识正是他们在中国社会中担任领导作用的主要条件⑥。当然,如果这种以小农为主体的经济基础发生根本变动,那么,传统规

---

① 费孝通:《乡土中国 生育制度》,北京大学出版社 1998 年版,第 10—11 页。

② 苏国勋著:《理性化及其限制——韦伯思想引论》,上海人民出版社 1988 年版,第 153 页。

③ 吴晗、费孝通等:《皇权和绅权》,天津人民出版社 1988 年版,第 16 页。

④ 同上。

⑤ 秦宝琦、张研:《18 世纪的中国与世界》(社会卷),辽海出版社 1999 年版,第 329 页。

⑥ 张仲礼:《中国绅士》,上海社会科学院出版社 1991 年版,第 1 页。

范与传统文化就会失灵,作为社会领导力量的士人阶层的地位也就
发生动摇。

四、耕织结合与超稳定结构

传统中国社会结构从秦到清两千多年基本保持不变,可谓是超
稳定结构。之所以能形成这一局面,是因为构成此社会结构之经济
基础超级牢靠,耕织结合使中国小农经济极具弹性。

中国传统农业与家庭手工业、家庭副业的结合浑然一体。男耕
女织是中国小农家庭的基本生产与生活方式[1]。早在春秋战国时期,
孟子就提出耕织结合的问题,他说:

> "五亩之宅,树之以桑,五十者可以衣帛矣。鸡豚狗彘之畜,
> 无失其时,七十者可以食肉矣。百亩之田,勿夺其时,八口之家
> 可以无饥矣。"[2]

长期定居、人口增殖,也迫使中国小农经济向精耕细作、耕织结
合发展。许倬云先生指出,从农户这方面而言,为了实施精耕细作,
必须掌握足够的劳动力,以备忙季之用。但在农闲的季节,又不免有
多余的劳力。于是,农户常须在农闲时,或为农产品加工,以增加其
附加价值(例如腌肉、渍菜),或将经济作物制造为商品(例如麻纺、织
布),凡此农户的活动,遂使农舍不啻工场。农舍手工业的收入,毋宁
成为农村经济的一大支柱。汉代农舍手工业在农户收入中,估计占
了不少于总收入四分之一的比例。农舍手工业的发展,填补了城市
制造业被摧残后留下的空缺。农村散布各处,农舍手工业的商品,必

---

[1]　沈大德、吴廷嘉:《黄土板结——中国传统社会结构探析》,浙江人民出版社 1994
年版,第 56 页。

[2]　《孟子·梁惠王上》。

须经由市场的集中与分销。这一具有集散作用的市场网络,遂成为一个全国性的经济网络,最底层是农村定期轮流的集市,而逐渐提高为常设市场的镇市,再提高为地区市场中心的城市,然后是大区域中心的重要都市。中国广土众民,凭借这一网络,整合为文化、经济与政治复合的共同体。中国历史上,不乏分裂的时期,但政治上的分裂往往经由文化上的一致及经济上的互通,还会修补成为一体[①]。经济上以小农为基础,精耕细作、男耕女织并通过各级市场形成网络,就使广土众民的大帝国各地能够周济互补,帝国的社会结构与政治形态就有很强的抗震性。

中国传统农业的耕织结合这一特点,把小农经济自给自足的功能发挥到最大程度,也把中国农民生活水准限制到最大程度。前者强化了中国小农经济的活力与张力,后者则增加了中国小农经济主体承担者的耐力与韧性[②]。黄仁宇先生指出,明清政府构成时,其宗旨即在支持大多数小自耕农,可是后者的生产方式一旦进展到某个饱和点,也就无法再增进。正如 600 年来基本的农具仍是一模一样[③]。针对中国经济陷于均衡停滞之情形,亚当·斯密曾指出:"中国历来就是世界上一个顶富裕,也是一个最肥沃,耕耘得最合法,最勤奋而人口最众多的国家。可是看来她长久以来已在停滞状态。马可·波罗在 500 多年前游历该国,盛赞其耕种、勤劳与人口广众的情形,和今日旅行该国者所说几乎一模一样。可能远在当日之前,这国家法律与组织系统容许她聚集财富的最高程度业已达到。"[④]当然,社会一旦承平日久,人口不断增多,这种高水平的均衡结构的内部张力就会日渐增大。近代,西方廉价工业品的涌入,更是瓦解此耕织结合

---

① 许倬云:《历史大脉络》,广西师范大学出版社 2009 年版,第 43—44 页。
② 沈大德、吴廷嘉:《黄土板结——中国传统社会结构探析》,浙江人民出版社 1994年版,第 57 页。
③ 黄仁宇:《中国大历史》,三联书店 1997 年版,第 233 页。
④ 同上。

的高水平均衡陷阱的利器。当然,此乃后话。

　　总而言之,耕织结合的小农经济极具韧性与弹性,这使得传统中国帝国政治的基础高度稳固。皇冠固然可以打落在地,但帝国仍可以周期性重建。

第二章
帝学中国

　　传统中国政治有独特的生长环境,是一独立的政治形态。如果擅用西方政治学的政治概念与政治标准,来看待与分析中国传统政治,则感觉没有多大解释力。中国应该有自己本土的政治理论与政治学说,用以分析中国政治。正如钱穆先生所言:"近代中国学者专以抄袭稗贩西方为无上之能事,于是也说中国政治由神权转入到君权。因为中国没有议会与宪法,中国自然是君主专制,说不上民权。但不知中国自来政治理论,并不以主权为重点,因此根本上并没有主权在上帝抑或在君主那样的争辩。若硬把中国政治史也分成神权时代与君权时代,那只是模糊影响,牵强附会,不能贴切历史客观事实之真相。至于认为中国以往政治,只是君主专制,说不到民权,也一样是把西洋现成名词硬装进中国。并不是实事求是,真要求了解中国史。"[①]分析传统中国政治,要有符合与能反映当时历史实际的概念,要走一条自主的路。

一、天　下　国　家

　　传统中国在某种程度上,更像"天下",而不像今日所谓"国家",

---

① 　钱穆:《国史新论》,三联书店 2001 年版,第 80 页。

我们勉强谓之"天下国家"模式。

天下观念在古代中国极为重要,从某种程度上讲,是认识传统中国社会与政治的起点。从逻辑上说,先有如何"看天下",才有如何"治天下"。有什么样的天下观念,就有什么样的天下(国家)治理模式。

我们今天所说的"国家",即"民族国家",有主权与明确的疆界。这类国家观念的形成很晚,是近代的事情。中国古人所谓"中国",与此观念大不相同。旧时讲"打天下"、"治天下",中国即天下也。"天下"这种国家形态,可能形成于西周,有封建制的天下之国与郡县制的天下之国①。西周时周王为"天下共主",秦始皇统一天下后,皇帝则直接"君临天下"。"普天之下,莫非王土;率土之滨,莫非王臣。"讲的就是传统的天下观念。周王通过分封诸侯的方式管理天下,秦海内一统后,皇帝则通过任命文官的方式治天下。

传统的"天下国家",可谓中心明确、边界模糊。华夏文明程度高,居中心,其他族类文明程度低,居外围边缘。葛兆光先生指出,古代中国的"国家"是一个文明的空间观念,而不是一个有明确国界的地理观念。早在两三千年前,虽然那时中国人还没有完整地到达世界各个角落,但在自己的经验与想象中构建了一个"天下":第一,自己所在的地方是世界的中心,也是文明的中心;第二,大地仿佛一个棋盘一样,或者像一个回字形,四边由中心向外不断延伸,第一圈是王所在的京城,第二圈是华夏或诸夏,第三圈是夷狄,大约在春秋战国时期,形成了与南夷北狄相对应的"中国"概念;第三,地理空间越靠外缘,就越荒芜,住在那里的民族也就越野蛮,文明的等级就越低,叫做南蛮、北狄、西戎、东夷②。孔子说的"为政以德,譬如北辰,居其所而众星共之"③,某种程度上讲的也是天下从中心到边缘的环状结

① 刘建军:《古代中国政治制度十六讲》,上海人民出版社2009年版,第66页。
② 葛兆光:《古代中国文化讲义》,复旦大学出版社2006年版,第9页。
③ 《论语·为政》。

构,而且点出了天下的治理方式,即靠文治德教,中心文化程度高,四夷自然宾服。"天下国家"的认同基础是文化。"凡我族类,其心必同",就是说凡是和我同一个文化的,都可以是一个国家;"非我族类,其心必异",凡是和我文化有差异的,就是四夷,不属一个国家。凡是文化上臣服、认同的,都可以划进来作为"华夏之藩属",都是一个"天下"。凡是文化上不服从、不认同的"异邦异俗"也就算了,就当你不在"天下"之内。这背后,一方面是中国中心的特殊主义,一方面是普遍主义世界观,所谓"天下一家";既是只有一个文明中心的世界观,又是文明普遍适用、真理放之四海皆准的世界观①。总之,中国是天下之中心,文明之中心,中国的皇帝就是君临天下、拥有一切的最高主宰。凡是周围的国家,中国人就相信它们文明等级比我们低,应当向我们学习、进贡、朝拜。因此,王朝的疆域范围不在于实际上应该在哪里,而是皇帝接受到哪里,或者是哪里的人有资格做皇帝的臣民②。传统中国实际上是有中心、有边陲,而无明确边界,中国文化同化到哪里,哪里大体就是天下的边界。

　　这样,旧时中国人有天下观念,而无今天所谓的"国家(民族国家)"观念。梁漱溟先生指出:"像西洋人那样明且强的国家意识,像西洋人那样明且强的阶级意识,像西洋人那样明且强的种族意识,在我们都没有。中国人心目中所有者,近则身家,远则天下。"③中国的先秦诸子言政治,即莫不抱世界主义,以天下为对象。钱穆先生指出,中国之士传统,从孔子说起,两千年来,均抱一世界生活即天下生活的观念。他们以天下为家,流动性极大,极少有固定于一乡一土者④。中国士人以天下为己任,理想就是平治天下。按照儒家经典(《春秋》),中国古人的境界相当宽广、相当超越:

---

　　① 葛兆光:《古代中国文化讲义》,复旦大学出版社 2006 年版,第 10—11 页。
　　② 刘建军:《古代中国政治制度十六讲》,上海人民出版社 2009 年版,第 2 页。
　　③ 梁漱溟:《中国文化要义》,学林出版社 1987 年版,第 167—168 页。
　　④ 钱穆:《国史新论》,三联书店 2001 年版,第 204—205 页。

春秋之微言大义,分三世以明进化轨迹:

第一,据乱世——内其国而外诸夏;

第二,升平世——内诸夏而外夷狄;

第三,太平世——天下远近大小若一,夷狄进至于爵。(《公羊传》哀公十四年)

这讲的是治平天下的思路,渐进由乱而升至于平,更进则为太平[1]。实则也是普世的先进文化传播、同化世界的过程。传统中国一向文化至上,所谓"夷狄而中国,则中国之;中国而夷狄,则夷狄之",即是这个意思。文化普世,太平之世,就无复国家之见存,无复种族之见存。黄仁宇先生指出,传统中国重"文化主义"而轻国家主义。被称为亚圣的孟子,在其书中曾提及舜为东方之夷人,周文王为西方之夷人。只要能使一般群众的生活有所助益,在位天子的种族出身并不特别重要[2]。林语堂先生也指出,历史上中国的发展,是作为一世界以发展的,而不是作为一个国家[3]。古代中国倾向文治,其文化是天下主义、和平主义。作为天下的最高统治者——中国的天子,如能使天下大治、万国来朝,则是其最高荣誉。中国唐朝曾是天下最具世界主义色彩的国家[4]。由此可见,古代中国的国家模式非常独特,为天下国家。

古代中国之所以形成这种天下国家观,可能由于如下几点原因:一是中国幅员辽阔,力量雄厚,历史悠久,而又资源丰富;这一切使得它成为东亚世界的自然中心[5]。二是古代世界各个文明都是在多个点上孤立地发展着,由于地理屏障限制,相互之间很少接触。三是古

[1] 梁漱溟:《中国文化要义》,学林出版社1987年版,第167页。
[2] 黄仁宇:《中国大历史》,三联书店1997年版,第136页。
[3] 梁漱溟:《中国文化要义》,学林出版社1987年版,第169页。
[4] 黄仁宇:《中国大历史》,三联书店1997年版,第108页。
[5] 郝延平、王尔敏:《中国人对西方关系看法的变化,1840—1945年》,《剑桥中国晚清史》下卷,中国社会科学出版社1985年版,第172页。

代中国是一高度发达的文明,从未遭遇一更高的文明的挑战与对抗。唯一对中国文化有重大影响的是佛教,但其最终也被中国化了。中华文明的同化能力很强,即使外族入主中国,最终也会被中国文化同化。

当然,这种天下国家观念,有其利,也有其弊。梁启超先生指出:此种反国家主义,或超国家主义,深入人心,以两千年来历史校之,得失盖参半。常被异族蹂躏,是其失也;蹂躏我者不久便同化,是其得也。最后总结算,所得尤足偿所失而有余。盖其结果,常增加"中国人"之组成分子,而其所谓"天下"之内容,乃日益扩大也①。因而,古代中国疆域扩大很少通过战争,莫如说更凭文化优势,凭更高的文化形态"威服异邦","怀柔远人"。

天下观念使中国文化能兼容并包,有容乃显其大。不像西洋人的认同与忠诚对象低微(民族国家),排他性强,相互之间(包括民族国家间)易起冲突战争。传统中国人不会这样局限于有限度的忠诚,而信奉"天下为一家"、"四海皆兄弟"。梁漱溟先生指出,"中国人就家庭关系推广发挥,以伦理组织社会",沿此思路,可将"全社会之人,不期而辗转互相连锁起来"。费孝通先生也指出,顺着这同心圆的伦常,就可往外推了,推己以及人。从己到家,从家到国,从国到天下,是一条通路。在这种社会结构里,从己到天下是一圈一圈推出去的②。这种由伦理关系推广发挥形成的社会结构(实为天下结构,在传统中国,家与天下是密切相通的),没有边界,"它由近以及远,更引远而入近;泯忘彼此,尚何有于界划?"③中国从社会结构的基础构造上就是不分彼此、天下一家的,而抱天下观念、大同观念,更是中国古人的信念。因而,传统中国从某种程度上讲不像国家,自古不尚兵,边不设防(事实上也无明确的边界)。中国自古无排外的民族主义,

① 梁漱溟:《中国文化要义》,学林出版社 1987 年版,第 165 页。
② 费孝通:《乡土中国 生育制度》,北京大学出版社 1998 年版,第 28 页。
③ 梁漱溟:《中国文化要义》,学林出版社 1987 年版,第 80 页。

这是优点,但无坚强的民族观念,边防难以巩固,城池易被攻破,这是弱点。在宋在明,都曾发生皇帝被入侵异族活捉的悲剧。

当然,天不变,道亦不变。传统的天下观念稳定,治理天下的道就长期有效。然而,很不幸的是,近代中国遭遇到西方文明的挑战。传统中国作为天下中心、中国优于四夷的预设,被彻底打破。中国人被迫接受一个痛苦的事实——中国不再是世界中心,中国人观念中的世界,也被迫从"天下"走向"万国"[①]。天下观念变了,建基其上的治道与行为模式也就不得不调整。

总而言之,传统中国长期保持文化优势,就能做到四方咸集、万国来朝。外人臣服的不是中国皇帝,而实是中国文化。中国文化领先,来的是学生(遣唐使之类);中国文化落后,来的是强盗(洋鬼子)。因此,如何增强文化创新能力,始终保持文化优势,是近代中国给国人的最大警示。

二、政 治 早 熟

传统中国可能由于地理及国防上的原因,政治体系初期早熟。黄仁宇先生指出,黄河的肆虐威胁,早在远古就对中枢权力的出现提出强大要求。《春秋》曾提及公元前 651 年,周王力不能及,齐侯乃召集有关诸侯于葵丘互相盟誓,不得修筑有碍邻国的水利。《孟子》一书中提到治水的有 11 次之多,该书还讲天下之"定于一",也就是只有一统,才有安定[②]。治水超出了单一诸侯国的能力,中国只有形成统一的中央集权的国家,才能应付河水肆虐。

中国版图上四百毫米等降水线从大兴安岭西坡,沿西辽河上游、燕山山脉,斜穿黄河河套,经黄河、长江上游,直抵雅鲁藏布江河谷。

---

①　葛兆光:《古代中国文化讲义》,复旦大学出版社 2006 年版,第 17 页。
②　黄仁宇:《中国大历史》,三联书店 1997 年版,第 23 页。

以这条等降水线为界，其东南为受季风影响的湿润地区，其西北为少受甚至不受东南季风影响的干旱地区。这条四百毫米等降水线，成为东亚大陆农耕区与游牧区的大体边界①。历史上大体沿着这条界线，内地的农民与塞外的牧人常有冲突。黄仁宇先生指出，到公元前3世纪游牧民族的威胁已相当严重，这时已有将北方几个小国所筑土壁结合起来构成一座相连的城塞之必要，这项工程终使秦始皇名传千古。全国的国防线大致与这条等降水线符合，这是世界上最长的国防线。这种局势之展开，说明即使仅在国防上中国也有中央集权之需要②。因此，远在秦汉，中国就先期构成中央集权官僚体制，成为此后整个帝制时期的楷模。中国作为一个社会政治单元，能够有长期的凝聚性，政治形态早熟并长期稳定是重要原因。

传统中国的政治形态早熟，主要表现在三个方面，一是形成内廷与外朝区分的中枢机构；二是形成以郡县制为框架的地方分层治理结构；三是形成以家族自治为特点的基层自治机制。之所以讲政治早熟，是因为早在两千年前，传统中国的政治结构与功能就已成型并稳定下来，此后保持两千多年而大体不变。下面做详细分析。

第一，中国很早就形成中枢机构的内廷与外朝区分及相应的运行机制。

传统中国政治结构的成型，经历了一个漫长的过程。可以说，它并不是任何人设计的，而是经过战国时代列国尝试、模仿、选择，才出现了秦汉帝国所承袭的国家形态。如战国晚期，秦国已开始由君主与专业官吏治理，有了中央与地方的分层治理。秦始皇统一中国，将秦国已实行与发展的制度施行于全国。其后，汉承秦制，大体未改，再经过三四代的发展，专业的文官构成统治机构的主体。从此以后，中国的皇帝不得不与庞大的文官集团共治天下。中枢机构也就有内

---

① 冯天瑜、何晓明、周积明：《中华文化史》(第3版)，上海人民出版社2010年，第6页。
② 黄仁宇：《中国大历史》，三联书店1997年版，第25—26页。

廷与外朝的区分①。钱穆先生指出,传统中国内廷与外朝(皇室与政府)划分,此直至清代皆然②。他说,中国秦以后的传统政治,显然常保留一个君职与臣职的划分,亦可说是王室与政府之划分。在汉代,内朝指王室言,外朝指政府言。全国财政收入,属于大司农者(田赋,为大头)归政府,属于少府者(山海池泽之税,为小头)归王室,这一划分,历代大体保持。宰相是政府领袖,汉代宰相是首长制,唐代宰相是委员制。唐之最高议事机关称政事堂,一切政府法令,须用皇帝诏书名义颁布者,事先由政事堂开会议决,送进皇宫划一敕字,然后由政事堂盖中书门下之章发下。没有政事堂盖印,即算不得诏书,在法律上没有合法地位③。明朝虽然废宰相,但却设内阁并置首辅。内阁虽然在决策权上地位下降,但却拥有议政权。民间当时就有入阁即拜相之说。

传统中国中枢机构不仅在结构上有分化,而且在权力运行上也形成了富有特色的运作机制。传统中国中枢权力的运行,不实行立法、行政、司法三权分立与制衡的职能式分工,刘建军先生认为是采用决策—执行—监督相连的流程式分工。他认为,这以唐朝为最典型,中书省起草诏书,门下省掌封驳,尚书省管执行。用宋人胡致堂的话来说就是:"中书出令,门下封驳,分为两省,而尚书受成,颁之有司。"唐朝的繁荣与这种流程式分工的正常运作有着密切的关系。在唐前期,门下省曾一度成为三省的核心。当时的门下省既发挥了制约尚书及中书两省的职能,又在唐太宗贞观年间,因王珪、魏征等重臣任职门下省的长官,常常直言极谏,纠绳太宗的错失,成为君主的镜子,成就了"贞观之治"④。由于内廷以皇帝为中心,外朝以宰相为中心,因此,传统中国中枢权力的运行存在内廷与外朝的分工与协调

① 许倬云:《历史大脉络》,广西师范大学出版社 2009 年版,第 32 页。
② 钱穆:《国史新论》,三联书店 2001 年版,第 105 页。
③ 同上书,第 83、85 页。
④ 刘建军:《古代中国政治制度十六讲》,上海人民出版社 2009 年版,第 11 页。

问题,事实上就存在皇权与相权之争。由于皇帝是帝制中国的真正中心,因此,在皇权与相权的关系结构中,皇权最终不可避免要占上风。皇权与相权的关系能否协调均衡,某种程度上要看君主的雅量。黄仁宇先生引用《贞观政要》的记载说,李世民有一次与臣下商议之后怒气冲冲地自言自语:"有朝一日我要杀掉这老农夫!"他的皇后问他何所指,原来心直口快的魏征,因为皇上的宽容,经常在大庭广众之下揭举御前的错误。这次皇后机灵应变,趁换着朝服时,庆贺至尊有此不怕死的忠臣,实为社稷之福。黄仁宇先生进而指出,这故事也暴露李唐政体的合理化,其立场仍至为狭隘。它代表着皇帝之意志力,乃是一种人身上的品德,而非组织结构上之力量①。因此,到宋代,较之唐代,相权就有所降抑。唐代是先由宰相在政事堂拟定诏稿,用书面送皇帝用印,皇帝所有的只是一种同意权。宋代则由宰相开具意见,当面先呈请皇帝意旨,再退下正式起草,因此皇帝在颁布诏敕上,事前获得了更大的发言权。但这并不说,皇帝就能乱来,前代皇权与相权分工制约的结构仍大体延续下来②。在皇权与相权关系上发生制度大变的为明朝。朱元璋正式下令废止宰相,改用内阁大学士。钱穆先生指出,照法理讲,内阁只是皇帝的私人办公厅,不是政府正式的政事堂。内阁学士也只是皇帝的内廷秘书,不是外朝正式宰相之职。于是皇帝在法理上,便变成在政府里的真正领袖。一切最高命令,全由皇帝发布。但皇帝的命令,因于传统政治习惯之束缚,依然必先经过内阁。另外,照法理论,内阁大学士的身份也决非真宰相,但就当时实际情形论,内阁大学士却逐渐变形站到以往传统宰相的地位上去了。然而,有人若以大学士身份而真正执行宰相职权,那在明代的政治法理上讲是越权的,张居正便吃了这个亏③。由此看来,传统中国中枢权力的运行,自有一套言之成理的逻辑。就

---

① 黄仁宇:《中国大历史》,三联书店 1997 年版,第 111 页。
② 钱穆:《国史新论》,三联书店 2001 年版,第 86—87 页。
③ 同上书,第 88 页。

以皇权大为扩张的明朝论,其在外庭与内朝的权力平衡方面也可圈可点。明朝中枢机构,外有内阁,内有司礼监;外有三法司,内有锦衣卫、东厂、西厂。内外制约,相互监督。万历皇帝消极怠工,30多年不上朝,中枢权力仍能平稳运行。

通过以上分析可看出,传统中国中枢权力上的内廷与外朝区分,于战国末期萌其芽,秦汉成其型,此后一路延续下来。虽然外朝的权力在变小(从外朝政府首脑由单一宰相到集体宰相再到取消宰相,就可看出),但内廷与外朝分工制约的制度框架却始终保持下来。即使在皇权强大的明朝,皇帝的命令也必须通过内阁发往六部,而六部分科设给事中,他们有权反驳皇帝的命令,只要他们不同意,可以把皇帝的上谕原封退回。当然,由于牵涉多个变量,事实上的内廷与外朝关系会非常复杂。虽然皇权在不断加强,但皇权的法理主体为皇帝一人。皇帝孤家寡人,要行使权力殊非易事,就得依靠身边的"自己人",包括外戚与宦官。这些"自己人"如果控驭不当,就有可能发展出外戚专权或宦官专权。另外,皇宫外则由百官组成庞大的文官集团,他们如能团结一致,则是一股非常强大的力量。难怪亲政后的万历皇帝不久就发觉,他摆脱张居正、冯保之后得到的所谓自主之权仍受种种约束,即使贵为天子,也不过是一种制度所需要的产物。他逐渐明白,倒掉张居正后,真正的受益者并不是自己[1]。总之,中枢权力上的内廷与外朝区分及两者间长期维持的分工制约的制度安排,为传统中国政治早熟的一个非常重要的方面。

第二,中国很早就形成了以郡县制为框架的地方分层治理结构。

由封建制到郡县制,确定了古代中国基本的国家结构形式[2]。易中天先生指出,郡县制与封建制的重大区别是:封建制是分权制,天子分权于诸侯,诸侯对自己的"国"享有独立的主权和治权;郡县制则

① 黄仁宇:《万历十五年》,中华书局1982年版,第38页。
② 刘建军:《古代中国政治制度十六讲》,上海人民出版社2009年版,第124页。

中国社会政治分析
▶▶▶

是集权制,集天下之权于中央,郡县不过是中央的派出机构①。在郡县制下,地方治理者不再是分封一方的诸侯,而是中央委派的流动的官员。他们权力来源于上,是朝廷命官,代表天子牧民。由于帝制中国的地域极为宽广,于是只得采用分层治理的方式,这样就有亲民之官(州县)与监临之官(州县以上)之分。中国这种以郡县制为框架的地方分层治理结构,也是在战国末期萌芽,秦汉成型,并逐步稳定下来。

自秦行郡县以后,中国历史上曾出现四次封建反动,都带来不同程度的分裂与混乱。第一次反动是项羽尊楚怀王为义帝后的分封,结果引发灭秦后长达四年的楚汉战争。第二次反动是汉初刘邦封七个异姓王和九个同姓王,最终引发吴楚七国之乱。第三次反动是晋代魏后的众建亲戚,以为屏藩,结果导致八王之乱。第四次反动是明太祖定天下,封诸子三十九人,各设官属、傅相,置卫兵②。然而,第四次反动与前三次相比,有重大区别,已不裂土,实是虚封。明代藩王,虽无封土,但如燕王朱棣领兵镇守一方,也引起一场以“清君侧”为名的“靖难之役”。另外,操作第一次反动的项羽只能算是过渡,根本未建立起统一性政权。因而,周振鹤先生指出,中国在郡县制推行过程中,实有两度(汉、晋)“封建”回光返照。他说,虽然推行封建制的想法在中国历史上始终没有止息,但汉晋两代的教训为更大多数的人所接受。因此,自隋代以后,已永远取消了封建制,接下来,皇子只是虚封,并无实土。从西汉以来的郡国并行制也宣告结束,重新转入秦代的纯粹的郡县制。汉初与晋初的封建可以看成是封建制的两度回光返照,经过这两次貌似起死回生的波折之后,封建制是彻底退出历史舞台了,只有名义上分封皇子为王的制度一直继续到最后一个王朝——清代③。因此,郡县制就构成传统中国长期稳定的纵向国家结

①　易中天:《帝国的终结》,复旦大学出版社 2007 年版,第 156 页。
②　吕思勉:《中国制度史》,上海三联书店 2009 年版,第 246—249 页。
③　周振鹤:《体国经野之道——中国行政区划沿革》,上海书店出版社 2009 年版,第 14 页。

构的基本框架。

在中国以郡县制为框架的分层治理结构中，县这一级在中国历史上最为稳定，县的数量和幅员变化均不大。易中天先生说，从秦汉到明清，各级行政区域的设立和称谓迭次变化，唯独县制亘古不变。秦汉时叫县，唐宋元明清时也叫县；秦汉时县是最低一级地方政权，唐宋元明清时也是。这一制度，无妨称之为"政权建在县上"[①]。根据斯金纳的研究，中国县的数量，汉朝设县 1 180 个，隋 1 255 个，唐 1 235个，宋 1 230 个，元 1 115 个，明 1 385 个，清 1 360 个，在中国全盛的各朝代数量都差不多[②]。另外，县的面积多为方圆百里左右，为一区域的政治、文化和服务中心，构成相对自足一地方社会。周振鹤先生指出，作为政区的县，其幅员大小是以行政管理的有效程度来确定的。不管什么朝代，都要维持正常的农业生产，才能保证王朝的长治久安。而县级政府正是直接"牧民"的基层组织，其劝课农桑和收租征税的施政范围是不宜朝令夕改[③]、频繁变动的，否则将会影响国家职能的正常发挥。这就是县级政区的数目与幅员相对比较稳定的基本原因[④]。县制在中国历史上长久稳定，就对型构中国、稳固中国以及中国分裂后的再度复原，有不可估量的巨大作用。

从历史大视野看，以郡县制为框架的地方分层治理结构，在传统中国整个政治框架中至为关键。著名历史学家钱穆先生曾指出，"地方政治一向是中国政治史上最大一问题。因为中国国家大，地方行

---

① 易中天：《帝国的终结》，复旦大学出版社 2007 年版，第 164 页。

② 费正清：《美国与中国》，世界知识出版社 1999 年版，第 37 页。

③ 就基层政府的幅员，秦汉时定下一个基本原则："县大率方百里"。周振鹤先生指出，推测是为了与当时的管理水平相适应。假定县城位于该县的几何中心，那么从这个中心到四边的距离都是 50 里，相当于今天的 17.5 千米，这样的距离，如果起早贪黑的话，可以在当天徒步往返。对于官员下乡劝课农桑，农民进城缴纳租赋都是比较合宜的。参见周振鹤：《体国经野之道——中国行政区划沿革》，上海书店出版社 2009 年版，第 34—35 页。

④ 周振鹤：《体国经野之道——中国行政区划沿革》，上海书店出版社 2009 年版，第 38 页。

政之好坏,关系最重要"①。他认为,中国政治有日益集权倾向,"政治进步,政权自然集中,任何国家都走这条路。开始是封建,四分五裂,慢慢地就统一集中。然而自汉迄唐,就已有过于集权之势。到宋、明、清三朝,尤其是逐步集权,结果使地方政治一天天衰弱。直到今天,成为中国政治上极大一问题。""从中国传统历史意见论,地方政府制度最好的要推汉代,但唐代地方制度也还好。"②汉唐地方政治之所以最好,是因为两朝地方政治均实行郡(州)、县两级制,地方政治简明且富弹性。以后地方行政层次越来越多,政府效率越来越低,百姓负担也就更重,吏治就更腐败。由于中国的帝国政治是建筑在小农经济的基础上,而小农的供养能力非常薄弱,根本不能承受庞大的政治上层建筑。地方政府层级一多,官员就成倍增加,对百姓的赋税抽敛自然就加重,如再遇天灾人祸,势必造成官逼民反,天下大乱。

第三,中国很早就形成了以家族自治为特点的基层自治机制。

传统中国从秦汉开始,政权最低层级建在县上,县以下就是居民的自治区域。可以推测,以农为本的中国人自古以来就聚族而居,在其上慢慢生长出家国政治结构,但在基层(秦汉始就是县以下)却始终维持家族自治的格局。考古学者卜工先生指出,家族组织是近万年以来中国古代的客观存在,是中国古代社会结构之基础③。当然,中国社会基层的家族自治格局,在战国末期曾受到一次严重的干扰。如当时商鞅的种种作为,无非站在诸侯国家之立场,要直接控制到个人,便不得不破坏家族伦理。而汉代恢复了家族生活④,自此两千年来,中国社会基层就始终是聚族而居的自治格局。这就是梁任公先生所讲的,族自治或乡自治。他在《新大陆游记》中说:吾国社会之组织,以家族为单位,不以个人为单位;所谓家齐而后国治也。西方

---

① 钱穆:《中国历代政治得失》,三联书店 2001 年版,第 114 页。
② 同上书,第 170、114 页。
③ 卜工:《历史选择中国模式》,科学出版社 2009 年版,第 209 页。
④ 梁漱溟:《中国文化要义》,学林出版社 1987 年版,第 75 页。

人之自治力发达固早,吾中国人地方自治亦不弱于彼。顾何以彼能组成一国家,乃我不能? 则彼之所发达者,市制之自治;而我之所发达者,族制之自治也。任公先生晚年著《中国文化史》还云:此种乡(族)自治,除纳钱粮外,以讼狱极少,几与地方官府全无交涉。此盖宗法社会蜕余之遗影,以极自然的互助精神,作简单合理之组织,其于中国全社会之生存与发展,盖有极重大之关系①。而领导基层乡里自治者,自古以来均为代表地方利益的名望人士,秦汉为乡官,唐宋以来为乡绅。秦汉的时候,三老、孝悌、力田是乡官,而有秩、啬夫、游徼、亭长则为乡吏。两者很是不同,乡官是代表地方利益的名望之士,乡吏则是维持治安、征收赋税等国家事务的办事人员。著名历史学家严耕望先生认为汉代三老"有位无禄",其根据"东汉之制,大庆赐爵,赐民不赐吏,而三老、孝悌、力田咸在受爵之列",指出三老不是吏,与郡县属吏有秩、啬夫、游徼、亭长等,性质绝殊。表明他们不是国家官吏,也无俸禄,但有较高的社会政治地位②。他们代表地方利益,领导乡里,有很高的名望。这种乡里自治的领导格局,以后虽在名称上有所变化,但大体稳定并保持下来。唐宋以降,地方自治的领袖则为乡绅,办理杂事并与国家底层行政机构对接的则为"保长"、"地方"之类,他们的社会地位极低。乡绅也是非官非民,既是地方领袖,也是官民中介。

　　这种以乡官或乡绅为领袖的乡里自治的领导格局,用费孝通先生的话说为"长老统治",他们行使的是教化权力。他指出,传统中国基层社会的权力结构既不是同意权力(民主),也不是横暴权力(专制),而是教化权力(年长且有学养者掌握)。传统中国社会是很少变化的礼俗社会,文化稳定,很少新的问题,生活是一套传统的办法。凡是比自己年长的,他必定先发生过我现在才发生的问题,他也就可

---

　　① 梁漱溟:《中国文化要义》,学林出版社 1987 年版,第 70—71 页。
　　② 刘建军:《古代中国政治制度十六讲》,上海人民出版社 2009 年版,第 249—250 页。

以是我的"师"了。每一个年长的人都有对年幼的人的教化责任。"出则悌",逢着年长的人要恭敬。传统中国社会重视长幼之序,长幼之序也点出了教化权力所发生的效力①。因此,这些传统的基层领袖,在称谓上多带"老"字,如秦汉时称"三老"、"父老",明清时还称"耆老",就不是偶然的了。中国传统基层乡里领袖与民众之间不是强制关系,而是一种教化与引导关系。他们以其学识、修养、面子、资望,作出表率,提供服务,赢得尊敬,并按传统的礼俗调节基层社会。

总体看来,中国政治体系的早熟在人类历史上不失为一种伟大成就,中国传统政治中的许多成熟做法,如国家元首(皇帝)与政府首脑(宰相)的区分、考试录用文官、内阁制度(内阁首辅就是首相的雏形)等,多被近代国家袭用。但在社会尚不发育的情况下,政治体系率先早熟,可能也要为此付出代价。黄仁宇先生指出,从外表形式看来,在两千年前,国家的机构便形成流线型,可是其下端却粗率而无从成长发展。整个国家无法脱离一种被安排的环境,即一种大而无当的官僚组织治理一个大而无当的农民集团②。帝国治理不得不采取间接与模糊模式,施政着眼于人的精神,以德治国,注重形式超过实际,又尽力于仪节之种种特性,遂与以农立国的中国结下几千年的不解之缘。帝国施政缺乏纵深,整个社会呈散漫平铺的基本格局,对外部入侵难有坚强抵抗。北方剽悍的游牧民族的小股有组织的马队,就能所向披靡,长驱直入中原(如明末小股八旗部队多次如入无人之境,打入明朝腹地)。1840年以来,小股西洋军队,更是能从南到北千里跃进直逼京师。这就充分暴露了此种社会政治结构缺乏组织的根本弱点,也决定了近代中国的转变为千古未有之变局,中国的社会政治转型也将极为艰巨复杂。

---

① 费孝通:《乡土中国 生育制度》,北京大学出版社1998年版,第66—68页。
② 黄仁宇:《中国大历史》,三联书店1997年版,第34、160页。

三、"打天下"与"治天下"

试想一下,一人领有万民、君临天下,会有多威风? 会吸引多少觊觎天下的"弥天大盗"? 试想当年始皇威风八面、巡游天下,高阳酒徒刘邦见之,叹曰:"大丈夫当如此!"楚地莽夫项羽路遇,则大呼:"彼可取而代之!"古代绿林好汉中更是多有传说,"皇帝轮流做,明年到我家"。此真可谓"江山如此多娇,引无数英雄竞折腰"。这就引出古代中国一个重要的政治主题,即"争天下"与"治天下"。

天下如何"争"? 在古代基本上是靠武力,即所谓"打天下"。天下既然是打下来的,那么,谁打下来就归谁所有。有刘家天下,李家天下,朱家天下,等等。天下打下来后,还有一个如何延续的问题。古代中国解决这一问题的思路,为"传天下",即在亲子之间代代相传。"打天下"与"传天下",解决的是政权的归属问题。权力归谁所有解决后,接下来还有一个问题,就是权力如何运用。皇帝一人拥有天下,但不能一人治天下,还得靠百官。也就是,从"打天下"又引出"治天下"的问题。用现代政治学的术语来讲,"打天下"关乎政权问题;"治天下"关乎治权问题。古代中国在解决政权与治权问题上有不同的思路:政权不能开放,为"家天下",并有相应的制度安排;治权则开放,通过政治录用机制,吸引天下士人参与治理。

关于天下归属问题,中国上古可能有一段"公天下"时期。《礼记·礼运篇》引孔子的话说:"大道之行也,与三代之英,丘未之逮也,而有志焉。大道之行也,天下为公。选贤与能,讲信修睦。故人不独亲其亲,不独子其子。使老有所终,壮有所用,幼有所长,鳏寡孤独废疾者皆有所养。男有分,女有归。货,恶其弃于地也,不必藏于己;力,恶其不出于身也,不必为己。是故谋闭而不兴,盗窃乱贼而不作,故外户而不闭。是谓大同。"这讲的是三代以前的尧舜时候的事,当时为中国的大同时期,天下为公,天下不属于私人。当时天下最高管理权的交接,采取"禅让制"。尧将天下禅让给舜,舜将天下禅让给禹。

然而,禹有私心,在其年老时不再禅让而是将天下传给儿子启。从此中国古代的政权交接方式出现重大转折,由让贤禅让转到传子继承,即由公天下变为家天下。孔子在《礼记·礼运篇》接下来又说:"今大道既隐,天下为家。各亲其亲,各子其子。货力为己。大人世及以为礼。城郭沟池以为固。礼义以为纪:以正君臣、以睦兄弟、以和夫妇、以设制度、以立田里。以贤勇智,以功为己。"从此天下公权变为一家一姓的私权,天下最高统治权的交接变为传子不传贤的家族世袭。在最高统治权归属上变换姓氏,就是改朝换代,而改朝换代则要通过武力,即"打天下"。

当然,任何政权的取得与维持,都需要合法性,这是古今的通例。用古代中国的术语讲,为符合"天道"。"天命玄鸟,降而生商"①,故商人得天下。其后,"天道转移",就有"周革殷命",周人得到天下。汉末黄巾起义,也以"苍天已死,黄天当立"为号召。失去民心、丧失"天道",后面的起来"打天下"就有合法性,所谓"汤武革命,顺乎天应乎人"者是也。当然,由于禅让之风其来有自,禅让典故还编入影响深远的五经,在历代士人中传诵,而"士志于道"并掌握舆论,因此,这股风气就不能不对露出败象的王朝和昏庸无能的君主产生潜在影响。如西汉仅到中期即已露出乱象,当时不少儒生出来鼓噪让刘家禅让天下,结果几个儒生为此引来杀身之祸。虽然如此,"禅让"之风其后并未绝迹。因为如能让前朝末帝主动"禅让",是成本最低、风险系数最小的夺取天下的路径。当然,从汉末起这种所谓"禅让"都是以武力威胁为后盾,大多是以"禅让"为名行"篡窃"之实。魏代汉,晋代魏,均是如此。就连得天下可谓正的唐朝李渊父子,竟也搞出"禅让"的把戏。其后,后周大将赵匡胤欺负年幼的周恭帝柴宗训孤儿寡母,

① 《诗经·商颂·玄鸟》。

发动陈桥兵变,兵临城下,逼迫恭帝"禅让"逊位。当然,其"禅让"的幌子掩盖不了以武力夺取天下的事实。还好宋太祖仁心未灭,其内心似乎可能还有一点愧心,恭帝孤儿寡母得以保全性命。太祖即位后,封柴宗训为郑王,封其母符太后为周太后,迁居西京,终生奉养,柴氏后代也受到宋朝历代皇帝的照顾。当然,在以武力"打天下"为基本的"争天下"模式下,上述这种情况实属罕见。由于"打天下"难免尸横遍野,用现代政治学的眼光看,其未必是一种最好的政权交接模式。另外,"打天下"总是与古代中国一治一乱的循环交相辉映。因此,政权交接问题是古代国人几千年一直未能科学解决的一个大问题,也是古代中国学术上未能取得突破的一个大问题。古人尚未找到非暴力地对付暴君(包括预防其发展为暴君)的办法,没有发展出有效制衡君权的思路。况且,无论如何,"马上打天下"总归是"以力服人",可能与儒家"以理服人"的"五常"大法("仁义礼智信")存在内在冲突。当然,只有到了近代,人类政治发展才取得重大突破。在政权合法性论证上,以社会契约为基础的人民主权论取代了先前反复无常的"天命论";以人民定期选举领导人的宪政程序终结了"以暴易暴"的"改朝换代"。

在传统中国,不但政权交接的"打天下"(改朝换代)模式上存在诸多难题,而且政权交接的内部传承("传天下")模式上也存在诸多变数。"传天下"事实上很不容易,往往很难做到平稳交接。如在权力传承的原则上,是立长还是立嫡,是立贤还是立亲(帝王对皇子的喜爱程度不一),存在诸多难题,很难解决。细细看来,中国每一朝代的创业之主虽然都雄才大略、功绩不凡,但几乎没有一位能顺利地将皇位传给自己的继承人。秦始皇没能将皇位传给太子扶苏,赵高弄权传给昏庸的胡亥,结果秦朝二世而亡。汉高祖的皇位传承也不顺。高祖本意是立庶出但性格上颇类自己的赵王如意为帝,但皇位最终传到了嫡出的次子刘盈头上。然而,惠帝刘盈性格懦弱,一上台就成为吕后的玩偶,结果做了七年有名无实的皇帝。惠帝死后,汉朝进入女主专政时期。也就是说，汉朝一开始，皇位传承就受到了外戚控制。唐朝开国皇帝的皇位传承更为惊险，竟演出了血腥的宫廷政变。唐高祖李渊立长子建成为太子，次子世民不服，最后发动玄武门之变夺取了政权。宋朝开国皇帝赵匡胤临终时没能将皇位传子，结果在"斧声烛影"中传到了弟弟赵光义手上。当时民间即有太宗毒死太祖之说，这最终成为一个千古难解之谜。明朝开国皇帝朱元璋以嫡长原则，将皇位传给了皇长孙朱允炆（太子朱标早死）。皇四子燕王朱棣以"清君侧"为名，发动了"靖难之役"，攻占南京，夺得皇位，建文帝朱允炆最后不知所终。清太祖努尔哈赤也没能解决权力传承问题，在其死后，围绕皇位之争竟酿成大妃生殉的悲剧。

旧时中国人讲"贤者在位，能者则职"，但传统中国皇位传承上的制度安排似很难选出英明的继承人。明朝"传天下"坚持嫡长制，然而，立长并不能保证选贤。结果明朝皇帝在中国历朝历代帝王中，是比较差的，庸君、昏君、暴君触目皆是，可以说从永乐以后，一代不如一代，促织皇帝、木匠皇帝、罢工皇帝各类都有。清朝在皇位传承问题上吸取了亡明的教训，试图走出一条既能选贤又能减少争斗、维持稳定的路子，这就是雍正发明的秘密立储制。在此制度安排下，清朝的皇帝要好于明朝，少有昏君、暴君与怠君，可以说从清太祖到光绪帝都很勤政（当然，清朝的皇帝在决策上权力更大了，不勤也不行，中枢权力会瘫痪）。然而，此制也大有问题。从此，立储的所谓"国本"问题完全变成了一家一姓之私事（实皇帝一人之事，明朝时大臣还可参与"国本"问题的讨论），皇帝不再与辅政大臣商量，百官也不许过问此事。另外，此制在皇位传承上，也存在诸多不确定因素。例如选人全靠皇帝一人，就存在皇帝看人看走眼的问题；还有先皇未及完成秘密立储，先行驾崩的可能；此制也难免受到政治强人的干扰。清朝末年，女主慈禧出现，秘密立储制即被打断。

与政权问题相比，古代解决得很好的是治权问题。与政权上的立场狭隘、做法封闭比，传统中国的治权则高度开放，通过政治录用机制,吸引天下士人参与治理。这是传统中国政治区别于西方中古的一个重要方面,也是近代西方取法中国的一个重要方面。

中国从战国开始,就探索组成士人政府。中国的治权开放,经历了从无序到有序、制度不断完善的过程。钱穆先生对这个过程,作了细致深入的研究。他指出,中国历史从春秋封建社会崩溃以后,常由中层阶级的知识分子,即上层官僚家庭及下层农村优秀子弟中交流更迭而来的平民学者,出来掌握政权,作为社会中心指导力量。从此,中国的政治录用就是开放的,出现比较活跃的自下而上的社会流动。不过士人参政,经历了从无序到有序,其制度化过程是渐进的。战国的游士参政是无制度的。至秦灭六国,封建政治终歇,继起为郡县政治,而社会则仍为一游士社会。秦始皇帝之一朝,概多游士。嬴姓贵族不见有掌握政权者①。至汉武帝时,中国社会中心领导力量的产生及其参政开始铺设制度轨道。武帝定制,凡进入国立太学的青年,其成绩优异者补郎,为服务宫廷一庞大侍卫集团。成绩较次者,各归地方政府为吏,为隶属于各行政首长下之各项公务人员。在地方为吏经过一段时期,由其私人道德及服务成绩,仍得经其所隶首长之考察选举,而进入中央为郎。政府内外一切官长,大体由郎的阶段中转出。西汉之经由太学生补郎补吏的法定资历而参政,好就好在有一套固定的制度,而在社会参政上并无一个固定的阶级。但不幸到东汉,终于慢慢产生出一个固定的阶级来。一则当时教育不普及,二则书籍流通不易。在政府法律下,虽无特许某个家庭以政治上世袭特权,但此家庭只要把学业世袭了,在政治上的特殊权益,也就变相世袭了。于是东汉以下有士族门第的出现。到隋唐建立公开考试取士的科举制度,任何人皆可自动请求参加考试,以获得进入官府的一种最有保障的资格。这种制度一推行,以前门第那种变相的贵族,便逐步衰退而终于消失了。钱穆先生指出,唐以下的中国社会,不妨

① 钱穆:《国史新论》,三联书店2001年版,第18—19、44—45页。

称之为科举的社会。实是战国游士社会、西汉郎吏社会之再发展。这一社会之内在意义,仍在由代表学术理想的知识分子,来主持政治,再由政治来领导社会①。可见,科举制度之用意,是在公开选拔社会优秀知识分子参加政府。科举制也使天下知识分子为皇家所用,成为安天下之本。难怪唐太宗在看到那么多读书人奔赴考场时不无得意地说:"天下英雄尽入我彀中。"科举考试还顾及中国各地的地域平衡,宋朝在乡试中增加地域原则,明代则在会试中体现地域原则。分地而取的原则,妙就妙在没有违背成绩取人的原则,但又顾全国家整体利益,有利于统治基础的均衡与稳固②。科举制度还使政府与社会紧密联系,畅遂交流,政府亦由此常获新陈代谢。士人借此既有了从政施展抱负的途径,也有了显身发达、光宗耀祖的机会。由于科举制,中国社会的公平性与流动性均大为增强。由此,中国的耕与读之两事,士与农之两种人,其间气脉浑然相通而不隔③。"耕读传家","半耕半读",成为人人熟知的口语。"朝为田舍郎,暮登天子堂",是农人发迹;"归田"可能是士人仕途失意或致仕。总之,传统中国社会是士农工商四民相通,彼此相需,而无所隔。中国多个全盛的朝代,都能维持两三百年以上,通过科举打通上下不能不说是一个重要原因。

通过科举开放治权,是传统中国人对人类政治发展的一个重大贡献,是人类政治文明演进的重要阶段性成果。

四、以 德 治 国

孔子最先明确提出了"以德治国"的命题,他说:"为政以德,譬如

---

① 钱穆:《国史新论》,三联书店 2001 年版,第 18—25 页。
② 刘建军:《古代中国政治制度十六讲》,上海人民出版社 2009 年版,第 190 页。
③ 梁漱溟:《中国文化要义》,学林出版社 1987 年版,第 156 页。

北辰,居其所而众星共之。"①自此,德治遂为传统中国治道之本。梁
漱溟先生指出,传统中国治道,简单扼要说,则"修身为本"(或向里用
力之人生)一句话,亦未尝不可以尽之②。关于这一点,中国的儒家经
典《大学》讲得明白,即"自天子以至于庶人,一是皆以修身为本"。中
国自古有"以孝治天下"之说,就由此推论而来。近代西洋人相信,从
人人之开明利己心可使社会福利自然增进。而传统中国人认为,从
人人之孝弟于其家庭,就能使天下自然得到治理,故为君上者莫若率
天下以孝③。为政的基本原则是,作出表率,率恭垂范。所以孔子讲,
"其身正,不令而行;其身不正,虽令而不从"④。为政要加强道德修养,
而且做事与做人是一致的,要学做事(包括为政),必先学做人,因此,
儒家对学子有"修齐治平"从低到高的修养和道德要求。

关于传统中国治道为何以德治为本,可能由于两点原因:一是
中国的社会结构使然,二是中国的政治早熟要求如此。先谈第一点。
中国社会结构是在聚族而居基础上发展而来的差序社会,梁漱溟先
生讲,中国社会结构的特点是伦理本位、职业分途。而伦理本位、职
业分途的社会,对人向里用力(修身为本)有其内在的要求。伦理本
位之社会,对人的要求是克己、让人;职业分途之社会,对人的要求则
是勤俭、自立。梁漱溟先生说,乍闻中国社会不靠宗教而靠道德,不
靠法律而靠礼俗,不靠强制而靠自力(或理性),似乎其调甚高,其事
甚难。其实你若懂得它的社会构造,便只见其自然平常。因为它所
要的,不过是孝弟勤俭四字,只此四字,便一切都有了。孝弟则于此
伦理社会无所不足,勤俭则于此职业社会无所不足⑤。再讲第二点。
中国的政治早熟要求中国的治道不得不以德治为本。政治体系初期

---

① 《论语·为政》。
② 梁漱溟:《中国文化要义》,学林出版社1987年版,第216页。
③ 同上书,第83—84页。
④ 《论语·子路》。
⑤ 梁漱溟:《中国文化要义》,学林出版社1987年版,第200—203、212页。

早熟,使地方之利益及地方之组织无从充分发展先期构成多元社会,只好采用间架性的设计,构成中央集权的官僚体系。因此,施政就缺乏纵深,也缺乏对一时一地一人一事之详细掌握。中国古代因技术不及的原因,在管理千百万生灵的时候,只得针对人的精神,视一切技术问题为道德中之是非①。传统中国的国家治理就只能以抽象笼统的德治为主。

德是对人的内在期许,因此,要将"以德治国"落到实处,较为稳妥的办法是将德外化,这就是"礼"。中国自古就是"礼仪之邦",有非常久远的礼的传统。卜工先生指出,近万年以来的古代中国与世界上的许多地区特别是欧洲大陆不同,社会的基本组织不是氏族而是家族,家族之间的联合结盟需要用礼制教化、团结和维系不同血缘关系的群体;需要在精神生活、经济生活和社会秩序各个方面确立等级,理顺关系,协调发展。这是中国古代礼制能够充分发展的社会需求,也是文明起源中国特色的根本原因②。正因如此,孔子非常重视"礼",提出"克己复礼为仁。"礼是礼仪与外在的行为规范,更好操作。费孝通先生指出,礼是照着仪式做的意思。礼字本是从豊从示。豊是一种祭器,示是指一种仪式③。周公、孔子对"德治"的重大贡献是,将"德治"外在化、规范化,并做了理论上的论证即是行"礼治"。也即仁为本,礼为表,行仁由礼。"礼治"的核心,就是区分贵贱、尊卑、长幼、亲疏,要求人们的行为符合相应的社会身份,不同的身份有不同的行为规范。这些规范的原则简明来讲就是,男人的地位高于女人,年长的高于幼辈,有学识地位之人高于无知之细民。黄仁宇先生在《万历十五年》一书中指出:"我们的帝国,以文人管理数至千万、万万的农民,如果对全部实际问题都要在朝廷上和盘托出,拿来检讨分析,自然是办不到的。所以我们的祖先就抓住了礼仪这个要点,要求

---

① 黄仁宇:《中国大历史》,三联书店1997年版,第52、304页。
② 卜工:《历史选择中国模式》,科学出版社2009年版,第206—207页。
③ 费孝通:《乡土中国 生育制度》,北京大学出版社1998年版,第51页。

大小官员按部就班,上下有序,以此作为全国的榜样。"①上有上礼,下有下礼,社会一切一统于礼。在家庭中,对父子、夫妇、兄弟也各有不同礼的要求。如夜晚为父母安放枕席,早晨向父母问安,出门必面告,回来必面告,不走正中的道路,不立在门的中央,不蓄私财,就是人子之礼。费孝通先生指出,礼是传统社会公认合适的行为规范。如果失礼,不但不好,而且不对、不合、不成。礼并不是靠一个外在的权力来推行的,礼是合式的路子,是经教化过程而成为主动性的服膺于传统的习惯②。人人归于礼,社会即合理有序。

行仁由礼是德治操作的第一步,以礼入法是德治制度化操作的更进一步。从整个社会来讲,以礼入法,明刑弼教,是最为稳妥有效的德治。瞿同祖先生对传统中国"以礼入法"的进程做了开创性研究,他指出,儒家主张礼治,以差别性行为规范即礼作为维持社会、政治秩序的工具,同法家主张法治,以同一性的行为规范即法作为维持社会、政治秩序的工具,原是对立的。秦、汉法律都是法家制定的,完全代表法家精神,为儒家所不能接受。自从汉武帝标榜儒术,法家逐渐失势,儒家抬头,开始以儒家思想改变法律的面貌。汉儒在这方面的努力,主要表现在撰写法律章句来解释法律和以经义决狱两件事上。自魏以后,儒家参与制定法律,他们更有机会将体现儒家中心思想的礼杂糅在法律条文里,使法律发生了重大变化,影响深远。晋律"峻礼教之防,准五服以治罪",开后代以服制定罪之先河。以礼入法至唐,发展到"唐律一准乎礼"。以礼入法的过程亦即法的儒家化过程。可以说,始自魏、晋,历南北朝至隋、唐而集其大成。《宋刑统》沿用唐律,明、清律亦深受唐律影响,除"官当"外,有关礼的规定大体都保留在法典中,只是处分有所不同而已。以礼入法,是中国法律发展史上的一件大事,法律因此发生了重大而深远的变化,形成了法律为

---

① 黄仁宇:《万历十五年》,中华书局1982年版,第38页。
② 费孝通:《乡土中国 生育制度》,北京大学出版社1998年版,第50—52页。

礼教所支配的局面。古人所谓"明刑弼教",实质上即以法律制裁的力量来维持礼,加强礼的合法性和强制性。礼认为对的,就是法认为合法的;礼所不容许的,也就是法所禁为、所制裁的[①]。以礼入法,就使德治更好操作,中国的治道也在各个层面趋于高度一致,传统中国的政治、经济、社会与文化全面协调,从而型构与稳固了作为礼仪之邦的中国。

总而言之,中国的"德治(礼治)"秩序,有三重保障:一是强调内在修身,率恭垂范;二是加强教化,注重习惯之养成(礼日久成习);三是以礼入法,明刑弼教,巩固人伦之大防。很清楚,讲"德"并不是不要"刑"。传统中国在国家治理上一向主张"德主刑辅"。颇谙治道的明代著名官员吕坤就说:"为政之道,第一要德感诚孚,第二要令行禁止。令不行,禁不止,与无官无政同,虽尧舜不能治一乡,而况天下乎?"[②]无刑无罚,国家就不成其为国家,德治就失去了最后保障。在传统中国,"刑"为辅助,"德治"之治世工具之一。

五、政 治 底 色

传统中国政治具有与众不同的三大特色:一是家国政治;二是无为政治;三是一元政治。此三点形成传统中国政治的基本底色。下面具体分析。

第一,家国政治。

在传统中国,家国不分,家国同源、家国同构、家国同体,国家的结构与治理,均带有厚重的血缘家族特色,因此,可称为家国政治。

中国之所以形成家国政治,是因为中国早期国家在形成的过程中,不但没有打破血缘关系,反而是在血缘家族基础上直接建立国

---

① 《瞿同祖法学论著集》,中国政法大学出版社 1998 年版,第 385—387 页。
② 吕坤:《呻吟语·治道》。

家。中国的"国家"形态,与马克思、恩格斯所讲的在"炸毁"氏族制度基础上按地域组织建立的"标准国家"不同,是一独特国家,勉强可称之为"家国"。

中国古代"国家"的形成,走了一条与古希腊罗马不同的路。马克思、恩格斯认为,希腊罗马"炸毁"氏族制度,按地域关系设立公共权力,为"国家"形成的标准形态。其实,这是从西方中心的视角来看的。从更宽广的全球大视野来看,人类文明最初是在全球多个点上孤立地以族群形式发展的,建立超族群的组织肯定也是先在族群基础上进行探索的。吕思勉先生就指出:"国之初,盖原于氏族。氏族之长,固有权以治其众。夫其所以治其众者,乃由于亲属,非世所谓政治也。人类最初之结合,盖以亲属为限。"①在亲属基础上拓展,乃人之常情,也是人类最初发展之常态。因此,在族群上建国,很可能是人类历史上早期国家的一般形态,无论是农业族群,还是游牧族群,均应如是。相反,像希腊罗马这种具备独特地理环境的海洋文明,很可能更是少数。只不过中国人因长期农业定居与受儒家伦理本位文化的持久熏染,中国"国家"形态的血缘家族底色更为厚重而已。其他早期国家,可能由于文化成熟定型较晚甚或还有中断,在整个历史流变过程中血缘底色自然逐步衰退。当然,早期国家如何形成是一回事,形成以后如何发展则是另一回事。尤其是全球航路开通以后,还存在不同国家文明间的相互激荡,这样,国家形态的发展演进就存在更多的变数。

人类早期国家的形成,地理环境的影响非常关键。顾准先生指出:"希腊人原来是蛮族,他们来到希腊半岛和爱琴海诸岛屿,开始也是务农。然而那里土壤太贫瘠,而爱琴海和东地中海的曲折海岸和多岛而不广阔的海域,使他们很快进入以通商、航海和手工业为

---

① 吕思勉:《中国制度史》,上海三联书店2009年版,第252页。

主。"①马克思也讲过"商品是天生的平等派",做买卖自然认钱不认人,以工商航海为主的基本谋生格局,自然就形成古希腊去血缘化的国家建构模式。很清楚,古希腊人不得不选择航海经商,那就得背井离乡。易中天先生指出,这就产生三个问题。一是他们不得不脱离自己的部落,却要与别人的部落发生关系;二是他们不得不要求分割财产,并要求承认分割的财产归个人所有;三是他们不得不大量使用货币,并把货币看得比别的东西(比方说感情与道德)更重要。这三条,都与氏族制度格格不入。仅仅第一条,就足以使过去的那种血缘关系不复存在。第二条,又使原本脆弱的部落关系雪上加霜。因为一个有着自己私有财产的人,当然可以不再理会部落首领们那种旧式权威。至于货币,恐怕多半会培养"认钱不认人"的观念②。古代中国的地理环境却与古希腊大不相同,这是一块非常适合农业定居的土地。而农业定居的生活,反过来为家族组织的迅速发展和稳固,提供了极大的便利。

定居农业与家族组织发展,决定了中国早期国家的成长之路。考古学者卜工先生指出,近万年以来的古代中国与世界上的许多地区特别是欧洲大陆不同,社会的基本组织不是氏族而是家族。中国的早期国家就在家族联盟的基础上产生,区别于从氏族、部落到国家的发展模式。他认为,中国古代的社会结构以家族组织作基础,家族联盟组成村落形成社区的单元,不同村落的联盟规划社区的地域范围或小国的疆域,小国间的联盟再形成集团的优势。可以说,家族联盟是小国的社会基础,那时的国家就是家族的天下③。《吕氏春秋》讲,"当禹之时,天下万国"。大约是说,大禹时代,天下可能有一万个左右的家族小国组成。《左传·昭公十七年》记载的少皞氏家族的结构,就体现了血缘关系与政治关系合一,实是对早期国家形成方式的

① 《顾准文集》,吉林人民出版社 2001 年版,第 148 页。
② 易中天:《帝国的终结》,复旦大学出版社 2007 年版,第 124 页。
③ 卜工:《历史选择中国模式》,科学出版社 2009 年版,第 206—211 页。

隐喻。《左传》该部分载少皞氏后代郯子道其祖先遗事说:"我高祖少皞挚之立也,凤鸟始至,故纪于鸟,为鸟师而鸟名。凤鸟氏,司正也;玄鸟氏,司分者也;伯鸟氏,司至者也;青鸟氏,司启者也;丹鸟氏,司闭者也;祝鸠氏,司徒也;鴡鸠氏,司马也;鸤鸠氏,司空也;爽鸠氏,司寇也;鹘鸠氏,司事也。五鸠,鸠民者也。五雉为五工正,利器用,正度量,夷民者也。九扈为九农正,扈民无淫者也。"去掉传说中的神话成分,可看出:少皞氏家族是一个以凤为共同认同标志的类国家组织,在该大家族(由以各种鸟类命名的 19 房组成)中各个家族首领已有固定的行政职能与明确分工(如司徒、司马、司空、司寇)。这实质上是国家机构及其统治制度的早期萌芽。也就是说,中国早期国家实际上是从统治家族的血缘脉络上延展而来,可称为族群国家。中国在夏商时代,显然是一个多元的小世界,其中每一个地方文化,都代表古代的一个家族群落。在河南龙山的基础上,夏人确立了在中原的优势地位。夏可能是由一个个族群小国组合而成的族群国家,夏的同姓和异姓方国诸侯,乃是夏后氏家族暴力机器在全国各地的延伸。当时,夏的统治者只能借助这些原始的族群来维持这种原始性的政权。商朝国家形态的完备性远超过夏,但商仍为以族群为基础的松散的诸侯邦国联盟①。到了周代,其"国家"形态就有文献可查。周代国家则使国家形态的族群基础更为宽大(将各族群融合为统一的华夏),并为国家形态的血缘底色提供了符合人情天理的文化论证。周代的国家形态把封建制的国家建构与宗法制的国家治理融为一体。周振鹤先生指出,西周封建制的背景是宗法制。《礼记·礼运》中说:"天子有田以处其子孙,诸侯有国以处其子孙,大夫有邑以处其子孙,是谓制度。"这里说的就是封建制与宗法制的关系,亦即天子以嫡长子继位,众子封为诸侯;诸侯以嫡长子继位,众子封为大夫;大夫亦以嫡长子继位,众子为士。士为小宗,以大夫为大宗。大夫亦

---

① 刘建军:《古代中国政治制度十六讲》,上海人民出版社 2009 年版,第 71 页。

为小宗,以诸侯为大宗。诸侯亦为小宗,以天子为大宗。周天子与诸侯,诸侯与大夫,大夫与士之间一般都存在血缘关系即亲戚关系,这就是宗法制。封建制是地缘关系,宗法制是血缘关系,封建制与宗法制二而一,一而二。这是以地缘关系来维护血缘关系。从天子到大夫到士,是一张用血缘关系编织起来的大网[1]。这样,在中国的"国家"形态建构中,血缘关系不但没有被摧毁,反倒得到了加强[2]。家族制度神不知鬼不觉地变成了国家制度。血缘家族的组织建构,就成为国家的组织建构;血缘家族的治理原则,就变为国家的治理原则。

这样,国由家来,家是国的基础,家族的秩序与原则放大了,就是国家的秩序与原则。其实,在古代中国思想家那里,家和国只是一小一大而已,一直到现在,还有流行歌曲唱,"我们的大中国呀,好大的一个家"[3]。关于家国关系,孟子讲得最明白,他说:"人有恒言'天下国家',天下之本在国,国之本在家,家之本在身。"这话反过来讲,就是《大学》里面的正心、修身、齐家、治国、平天下了。家国同构,治理原则就完全一致。正如梁漱溟先生所言,旧日中国之政治构造,比国君为大宗子,称地方官为父母,视一国为一大家庭。所以说"孝者所以事君,弟者所以事长,慈者所以使众";而为政则在乎"如保赤子"。自古相传,两三千年一直是这样。不但整个政治构造,纳于伦理关系中;抑且其政治上之理想与途术,亦无不出于伦理归于伦理者。中国自古有"以孝治天下"之说。即从人人之孝弟于其家庭,就使天下自然得到治理;故为君上者莫若率天下以孝[4]。因此,家国不分,家国同源、家国同构、家国同体,是为传统中国政治中的"家国政治"特色。

第二,无为政治。

传统中国政治的另一突出特色是无为而治。

---

① 刘建军:《古代中国政治制度十六讲》,上海人民出版社 2009 年版,第 137 页。
② 易中天:《帝国的终结》,复旦大学出版社 2007 年版,第 129 页。
③ 葛兆光:《古代中国文化讲义》,复旦大学出版社 2006 年版,第 39 页。
④ 梁漱溟:《中国文化要义》,学林出版社 1987 年版,第 83—84 页。

事实上是中国的社会结构与国家构造模式，催生着中国无为而治的政治特色。中国社会的基础构造是小农经济，而在经济上每个农家，除了盐铁外，可以关门自治。因此，可以想象基层社会对外在权力的介入需求，可以说是小到"关门"的程度。因而，费孝通先生指出，中国传统国家虽则名义上可以说是"专制""独裁"，但是除了自己不想持续的末代皇帝之外，在人民实际生活上看，是松弛和微弱的，是挂名的，是无为的①。另外，中国古代国家的建构模式是由家到国，家为国本。国家治理遵循由下到上修齐治平的思路，家齐了，国就治。一般是放权于下，与民休息。因此，传统中国政治就不向结构分化和功能专门化方向发展，而这恰恰是现代政治发展的标志。传统中国国家治理以德治为本，基本思路是通过教化，让人礼让、克制、自立。黄仁宇先生指出，传统中国对本人谦逊对人礼让的作风，足使很多争端无法启齿，且社会体制基于血缘关系构成，又有法律支撑，就用不着法理学上很多高深奥妙的原理，而牵涉到人身权利和财产权利了。政府授权于各家族，让他们教训管束自己的子弟，于是衙门减轻了本身的任务；各官僚在诗歌和哲学上才力充沛，也明知道他们的工作无需全部确凿切实，即司法也离不开相对的成分。由于他们不对各地区特殊的情形认真，所以整个文官组织的官位差不多都可以互相交换，而一个大帝国即可以用抽象的观念和意识形态治理②。传统国家因之功能稀少，行为消极。

不但中国的道家主"无为"，而且中国之儒家等也主"清静"。中国政治历代相传，"不扰民"是其最大信条；"政简刑清"是其最高理想。富有实际从政经验，且政绩卓著的明代官员吕坤对传统政治有深刻洞见，他说："为政之道，以不扰为安，以不取为与，以不害为利，以行所无事为兴废除弊。"③梁漱溟先生曾讲，旧时一副楹联常见于县

---

① 费孝通：《乡土中国　生育制度》，北京大学出版社1998年版，第63页。
② 黄仁宇：《中国大历史》，三联书店1997年版，第171页。
③ 吕坤：《呻吟语·治道篇》。

衙门，说"为士为农有暇各勤尔业，或工或商无事休进此门"，知县号为"亲民之官"，且尤以勿相往来诏告民众，就可想见一切了。事实上，老百姓与官府之间的交涉，亦只有纳粮、涉讼两事。民间谚语说"交了粮，自在王"，也就是，交过钱粮，官府就再管不到我了。至于讼事，你不讼于官，官是不来问你的。不论民刑事件，通常多半是民间自了①。传统中国从乡土层面看更像"无讼"社会②。如果真有官司要打，那是相当丢人的事。至于帮助打官司的"讼师"，在传统社会则毫无社会地位，大家往往把他与"挑拨是非"联系到一起。

传统中国人在政治目标上，也无过高的追求。福利与进步，为西洋政治上要求所在；中国无此观念。中国的理想是"天下太平"。天下太平之内容，就是人人在伦理关系上都各自做到好处（所谓父父子子），大家相安相保，养生送死而无憾③。老百姓的日子，让老百姓自己过，官府要少干扰。在朱元璋时代，所有官僚除非特准，否则不许下乡，如有擅自下乡的，可以以"扰民"论罪，判处死刑④。官员不许下乡，是最为典型的"无为而治"。官员不下乡，中国社会照样运转，也说明基层社会是自足的并有其自治机制。这种"无为而治"的效果，正如老子所云："我无为，而民自化；我好静，而民自正；我无事，而民自富；我无欲，而民自朴。"⑤

无为而治，也是中国历代统治阶层总结统治经验的结果。中国是农业帝国，薄弱的小农经济不能支撑健壮的皇权。费孝通先生指出，中国的历史可能助证这个看法：一个雄图大略的皇权，为了开疆辟土，筑城修河，这些原不能说是什么虐政，正可视作一笔投资。但是缺乏储蓄能力的农业却受不住这种工程的费用，没有足够的剩余，

① 梁漱溟：《中国文化要义》，学林出版社1987年版，第162—163页。
② 费孝通：《乡土中国　生育制度》，北京大学出版社1998年版，第63页。
③ 梁漱溟：《中国文化要义》，学林出版社1987年版，第83—84页。
④ 黄仁宇：《中国大历史》，三联书店1997年版，第172页。
⑤ 老子：《道德经》第五十七章。

于是怨声载道,与汝偕亡地和皇权为难了。结果,天下大乱,人民遍地死亡,人口减少。于是乱久必合,又形成一个没有比休息更能引诱人的局面,皇权力求无为,所谓养民。养到一定程度,逐渐积累起一些力量,就又刺激起皇帝的雄图大略,这种循环也因而复始。为了皇权自身的维持,在历史经验中,统治阶层找到了"无为"的生存价值,确立了无为政治的理想①。此正所谓:"兵强则灭,木强则折","为无为,则无不治"②。无为而治,对皇权中国来说,乃长生久视之道。

第三,一元政治。

传统中国是一元政治,不往多元或分权之路发展。

传统中国之所以是一元政治,很好理解,原因是在传统中国,政治是在血缘家族的根基上发展而来,血缘是有中心的(父家长),国家相应就有最高权威。家有家长,国有国君。一个家,一个族,只能有一个代表,如有两个代表,就分裂了。旧时"天无二日,民无二主"的说法,就是从此来的。钱穆先生就此指出,传统"中国是一个大国,求便于统一,故不得不保留一举国共戴的政治领袖即皇帝"③。这就像今天所说,一家只能有一个"婆婆",有两个就乱套了。

传统中国是一元政治,另一重要原因在于自战国末期封建解体、天下一统、权力定于一尊后,整个社会向散漫平铺的基本格局发展,再无钳制君权的任何特殊社会势力。梁漱溟先生指出,自此中国就永远"权力一元化","中国从来没有,亦不发生'钳制与均衡'的三权分立的事"④。西方国家的分权制衡制,发源于封建社会,当时存在抗衡王权的多种特殊势力,如贵族、教会等。这可看一下英国的例子,其分权制衡制,实是从阶级分权演变而来⑤,先是贵族与国王分权,因

---

① 费孝通:《乡土中国　生育制度》,北京大学出版社1998年版,第62页。
② 老子:《道德经》第七十六章、第三章。
③ 钱穆:《国史新论》,三联书店2001年版,第105页。
④ 梁漱溟:《中国文化要义》,学林出版社1987年版,第184页。
⑤ 曹沛霖:《西方政治制度》,高等教育出版社2000年版,第94页。

而有《大宪章》；再则是市民第三等级兴起并要求分权，进而有《权利请愿书》、《王位继承法》等。此后，由阶级分权发展为政治分权（社会势力的阶级色彩在淡化），并逐步确立起整个国家分权制衡之宪政框架。但此框架仅为游戏规则，游戏要真正玩起来，还需各种社会政治力量以结党的形式作为"玩家"来参与。然而，传统中国从战国末期特殊势力就趋于消灭，到秦汉帝国建立时，贵族势力没有了，舞剑弄刀的游侠也被汉武帝消灭了。传统中国又特别注意对团体力量的防范，严禁结党营私。孔子说："君子群而不党。"在传统中国，结党就是拉帮结派，不是好事，是谓"朋党"。更为严重的则称为"乱党"，他们目无君上，犯上作乱。读书人最怕指为"浙党"、"齐党"之类。明末所谓"东林党"，不过是魏忠贤构陷士人之工具，实是子虚乌有，东林诸君子也并不自称"东林党人"①。在这种社会结构与社会态势下，国家权力只会统于一尊。

　　然而，政治一元、权力定于一尊，也易出问题，必须有预防措施。梁漱溟先生指出，权力一元化者，诚然可以为所欲为。但其一举一动，影响太大，他自己或旁人，都不能那样毫无顾忌，随他去为所欲为。于是，中国自古就特设一自警反省之机构于其政治机构中②。关于这些自警反省之机构，梁启超先生说，"及其立而为君，则有记过之史，彻膳之宰，进膳之旄，诽谤之木，敢谏之鼓，瞽史诵诗，工诵箴谏，大夫进谋，士民传语；设为种种限制机关，使之不得自恣。盖尊吾先圣之教，则天下之最不能自由者，莫君主若了。尤惧其未足，复利用古代迷信之心理，谓一切灾异悉应在人主之身，而告之以恐惧修省。及其殂落，则称天而谥，动以名誉，名曰幽厉，百世莫改。"③另外，皇权行使也有烦琐的仪式、程序。繁文缛节，场面庄严，固然使人振恐肃敬，但这套烦琐的程序也构成了对于皇帝一举一动的制衡。如皇帝

① 樊树志：《国史十六讲》，中华书局 2009 年版，第 219 页。
② 梁漱溟：《中国文化要义》，学林出版社 1987 年版，第 184—185 页。
③ 同上书，第 185—186 页。

在隆重的典礼上,头上所戴之"冕"(前后两端各辍珍珠十二串),也不是让他舒服的。黄仁宇先生指出,"冕"上"这种珠帘是一种有趣的道具,它们在皇帝的眼前脑后来回晃动,使他极不舒服,其目的就在于提醒他必须具有端庄的仪态,不能轻浮造次"①。这些筹措之外,中枢机构上的内庭与外朝的区分,除了职责分工上不让圣上太忙外,实际上也有限制皇权之用意。钱穆先生指出:"要避免世袭皇帝之弊害,最好是采用虚君制,有一个副皇帝即宰相来代替皇帝负实际的职务及责任。""一人之下,万人之上"之"宰相负一切政治上最高而综合的职任"。这样,"职权既定,分层负责,下级官各有独立地位,几乎政府中许多重要职权都分配在下级,而由上级官综其成,宰相则总百官之成"②。中国历史上最为引人注目的盛世出现在汉唐,与这种权力上的分工与制约不无关系。内廷与外朝、中央与地方,有较好的分工与制约,中国政治就清明,社会就兴盛,反之,则政治腐败,社会动荡。但自宋以后,对皇帝的约束越来越弱,传统政治就有日薄西山之相。关于宰相职权在降低,钱穆先生有详细分析。汉唐宰相均为有实权之重臣,但汉宰相为首长制,唐宰相为委员制。唐代宰相拟定诏稿送皇帝用印,皇帝所有的只是同意权。到宋代宰相则先开具意见面请皇帝意旨,再退下正式起草。到明太祖则废宰相,设内阁,而内阁大学士仅为皇帝秘书,作内廷与外朝对接之中介。因而,明清两代实由皇帝来亲任宰相之职,而不负不称职之责。传统中国,对于皇帝之谏诤责任及最高命令之覆审与驳正权,交付于给事中与谏官(明代废谏官,只留给事中)。此两官职,唐代隶属于宰相,宋以后至明渐成独立机关,清代则废止不复设。在唐代是谏官帮助宰相,在皇帝前面评论皇帝之是非。到宋代则是谏官在宰相旁边,来评论宰相之是非。明代以前皇帝命令不经宰相或内阁,直接下发地方为非法的,也不可

---

① 黄仁宇:《万历十五年》,中华书局1982年版,第5页。
② 钱穆:《国史新论》,三联书店2001年版,第105—106页。

能;而清朝皇帝可绕过内阁,经内廷南书房军机处,秘密廷寄上谕于地方①。由此可见,传统中国没有找到刚性的约束皇权的办法,皇帝权力往后就越来越大,越来越不受制约,传统中国政治就走上了穷途末路。

---

① 钱穆:《国史新论》,三联书店 2001 年版,第 85—106 页。

第三章
儒教中国

　　葛兆光先生说，洋人常常把中国说成是个"儒教国家"，如果我们不在"宗教"这个词上和他们较真，可能他们说的也有点道理，因为维护和支撑古代中国文化两千多年一直延续的最重要支柱就是儒家学说①。梁漱溟先生明确指出，宗教问题实为中西文化的分水领。中国古代社会与希腊罗马古代社会，彼此原都不相远的。但西洋继此而有之文化发展，则以基督教为中心；中国却以非宗教的周孔教化作中心。后此两方社会构造演化不同，悉决于此。周孔教化"极高明而道中庸"，于宗法社会的生活无所骤变（所改不骤），而润泽以礼文，提高其精神。中国逐渐以转进于伦理本位，而家族家庭生活乃延续于后。西洋则由基督教转向大团体生活，而家庭以轻，家族以裂，此其大较也②。可以说，传统中国社会与政治深深打上了儒家思想的烙印。

一、独尊儒术：儒家文化被确立为国家意识形态

　　从社会结构上看，传统中国是由亿万小农组成的农村社会，矗立

---

　　①　葛兆光：《古代中国文化讲义》，复旦大学出版社 2006 年版，第 38 页。
　　②　梁漱溟：《中国文化要义》，学林出版社 1987 年版，第 48 页。

其上的则是皇帝与其官员组成的帝国政治体系。既以庞大的农村经济为基础,中国的国家治理就缺乏纵深,只能以公众的精神作为施政方针①。中国需要能将小农经济与帝国政治纳为一体,统辖社会各个层面人们行为举止的观念体系。一句话,传统中国需要能为臣民提供安身立命和有效组织中国的观念意识形态。

应该讲,这一观念体系或意识形态的产生是一自然选择过程,适应了天下一统与中央集权帝国需要统一思想的客观要求,也是将中国紧密结为一体和降低帝国管理成本的需要。春秋战国"百家争鸣",就是在为这一观念体系的产生提供各种备选的思想资源。概而言之,前帝国时代留下的治国思想资源,主要有三种,这就是儒家的"德治"、法家的"法治"和道家主张的"无为而治"②。后两种主张,在帝国初期的实践证明都是不成功的。秦始皇试验了法家的主张,严刑峻法,暴虐统治,缺乏弹性,结果两世而亡。汉初总结了秦亡的教训,然则从一个极端,走向另一个极端,采取了道家的无为而治、与民休息的方略。道家的"无为而治",对医治秦末战争创伤,促使国家快速复原确有重大疗效。然而,以道家的"好静"、"不争"、"守柔"③等基本主张为指导,却使中国形不成强大国家。汉朝在强大的匈奴入侵面前,只能采取屈辱的"和亲"政策。历史最终选择了儒家作为帝国的正统意识形态。

当然,之所以选择儒家,这不是没有理由的。儒家思想与帝国的统治逻辑最为契合,也符合帝国各个层面的需要。易中天先生认为,儒家满足了帝国三个组成部分即帝王、官僚集团与草民对意识形态的需求。奉天承运的帝王需要有一种冠冕堂皇的理论为他的统治张本,安邦治国的官僚需要有一种大而化之的主义为他们的施政立法,逆来顺受的草民则需要一种讲得过去的说法来平衡自己的心理,以

---

① 黄仁宇:《中国大历史》,三联书店1997年版,第44页。
② 易中天:《帝国的终结》,复旦大学出版社2007年版,第132页。
③ 《老子》第五十七章、第八章、第五十二章。

便心安理得地接受帝国的统治。这种理论应该出自一家，才能自圆其说。儒家主张"尊王攘夷"，符合第一种需要；主张"忠君爱民"，符合第二种需要；主张"尊卑有序"，符合第三种需要。法家虽然也主张君主专政，但对官员和庶民并没有约束力和说服力；道家则是主张退回到原始社会，不要统治的。这都不符合要求[①]。当时只有儒家能满足这种要求，儒家经典《大学》讲得清楚，"自天子以至于庶人，一是皆以修身为本"。儒家的气魄最大，它是能够统辖、管理社会从上到下所有人的心灵与行为方式的观念体系。至于如何统辖、管理，儒家也提供了一套可操作的自下而上的行动路线，即"格物致知正心诚意，修身齐家治国平天下"。所以，历史最终选择了儒学。

这一历史使命的实施，落到了汉武帝刘彻身上。他公布了新的帝制意识形态的立场，其宗旨经过综合，则为"罢黜百家，独尊儒术"。从武帝始，"儒术"扩展之后又延长，以致包括了有利于中央集权官僚政治所必需的种种理论与实践步骤。孔子所提倡的自身之约束，待人之宽厚，人本主义之精神，家人亲族之团结，和礼仪上之周到等全部构成官僚集团行动上的规范。孟子所倡导的人民生计与国本攸关也毫无疑问地被尊重。注重农桑贬斥商业原为法家宗旨，也一并拿来构成武帝御制意识形态之一部[②]。另外，阴阳家的天人感应，也被收纳于该体系，作为中和与软化皇权之机制。总之，儒教以儒家思想为主体，发展成为一种协调传统中国整个社会政治关系的文化机制。

当然，儒家提供了组织中国的最为核心的思想资源。可以说，传统中国的整个社会政治结构，主要就是靠儒家学说编织而成。儒家的"三纲五常"或"三纲六纪"，构成传统中国社会的基本行为规范。陈寅恪先生甚至认为，"三纲六纪"就是中国文化的基本定义。他说："吾中国文化之定义，具于《白虎通》'三纲六纪'之说，其意义为抽象

---

① 易中天：《帝国的终结》，复旦大学出版社 2007 年版，第 134—135 页。
② 黄仁宇：《中国大历史》，三联书店 1997 年版，第 43 页。

理想最高之境。""三纲"是对君臣、父子、夫妇关系的行为规范,第一项关乎国,第二、第三项都是关乎家,可见家在传统社会之重要。"五常"是指君臣、父子、夫妇、长幼、朋友的关系。孟子说:"父子有亲、君臣有义、夫妇有别、长幼有序、朋友有信。"汉代在"五常"的基础上扩展为"六纪"之说,包括诸父、兄弟、族人、诸舅、师长、朋友,如此一来就可规范所有人与人之间的关系了①。这样,传统中国以最为自然的家庭家族为基础,以儒家的"三纲五常"或"三纲六纪"为基本规范,就构筑起从下到上的整个家国政治秩序了。

二、儒学的政治抱负与结构规模

儒学是一种涵盖与包容性很强的学问,几乎将人之"做人"与"做事"一网打尽。孟子说:"人有恒言'天下国家',天下之本在国,国之本在家,家之本在身。"此话反过来讲,就是儒家经典《大学》所说的"修身齐家治国平天下"。可见,儒学将"治国平天下"的政治抱负筑基于人之"修身"上;反过来,"自天子以至于庶人,一是皆以修身为本",人人修养上来了,自然也可达到国治天下平。很清楚,儒家将人生之修养与事功有机融为一体。修养与事功两者结合起来,就是儒家的"内圣外王"之道。牟宗三先生讲,"内圣",是内在于每一人通过道德实践做圣贤的功夫;"外王",就是落在政治上行王道之事。内圣外王是儒家的全体大用、全幅规模,《大学》的格致诚正修齐治平即同时包括了内圣外王②。另有学者指出,儒学作为一种"伦理—政治"型学说体系,包括内在的人的主观伦理修养论和外在客观政治论,前者即"内圣"之学,或谓"仁"学;后者即"外王"之学,或谓"礼"学③。这

① 刘梦溪:"百年中国:文化传统的流失与重建",载刘梦溪等编《中国高端讲座》,海南出版社 2006 年版,第 14—15 页。
② 牟宗三:《政道与治道》,广西师范大学出版社 2006 年版,第 7 页。
③ 冯天瑜、何晓明、周积明:《中华文化史》,上海人民出版社 2010 年版,第 173 页。

样,"仁"与"礼"构成儒家学说体系的核心。

孔子赋予"仁"以无限精深的内涵,使之成为儒家所谓道德理性行为的总称。"仁"字,从人从二,为人与人相处之道。樊迟问仁,子曰:"爱人。"再问,又曰:"居处恭,执事敬,与人忠。"仲弓问仁,子曰:"己所不欲,勿施于人。"孔子的学生有若也说:"孝悌也者,其为仁之本欤。"[1]李泽厚先生指出,儒家把"仁"的根本建立在日常生活与家庭成员的感情关系上,强调的正是这样一种"家庭"中子女对于父母的感情的自觉培育,以此作为"人性"的本根、秩序的来源和社会的基础。然后,以家庭中的"亲子之情"("孝")为"仁"之根本,并由亲子、君臣、兄弟、夫妇、朋友"五伦"关系,辐射交织而组成和构建各种社会性——宗教性感情,作为"本体"所在。强调培植人性情感的教育,以此作为社会根本,这成为华夏文明的重要传统[2]。孔子与弟子言"仁"的对话中,讲到的"恭"、"敬"、"忠"、"孝"、"弟",均为"爱人"之表现,因此,仁的最基本一个内涵就是孔子讲的"爱人"。那么,如何爱人呢?爱人的起点在哪里?钱逊先生认为,起点就在推己及人,就在你心里要有别人。就是要将心比心,设身处地站在别人的立场上来考虑问题。就是说你为人处世心里要想到别人,不要只想到自己;要把别人看作与自己是一样的人,自己有什么要求别人也会有什么要求,自己不希望有的别人也会不希望有[3]。推己及人之要点,就是孔子所讲的"己所不欲,勿施于人","己欲立而立人,己欲达而达人"。可见,孔子的"仁"在日常生活中,是可由近及远(由家庭到社会)和以小见大(由己拓展到社会)来操作的。"我欲仁,斯仁至矣",只要想追求,"仁"是人人可以做到的。正如有的学者所说,在孔子那里,"仁"既是

① 分别见《论语》之《颜渊》、《子路》与《述而》等章。
② 李泽厚:《论语今读》,安徽文艺出版社 1998 年版,第 18、31 页。
③ 钱逊:"儒学与人生",载刘梦溪等编《中国高端讲座》,海南出版社 2006 年版,第42 页。

终极价值的真实，又是可以实践和实现的道德规范①。从这里，我们可以看到儒学的一个非常显明的特点，即极高明而道中庸。孔子的仁可以讲得很高深，但也可简单来讲，只要从推己及人做起就可以了。这是人人能懂，人人能做的②。从向内自我要求这个角度看，儒学又被称为"为己之学"或"身心性命之学"，是为了完成自己的人格，安身立命。当然，这里的"己"，不是一个孤立绝缘的个体，而是一个在复杂的人际关系中间所显现的中心点。这个中心点永远也不能成为完全孤立的、与外界毫无联系的发展形态。因此，要完成自己的人格，也就关系到要发展他人的人格③。可见，要在社会人群中实现孔子"仁"的理想，除向里用力加强自我修养外，最为重要的是还需将仁外化，这就是礼。

礼最初为远古社会的氏族习惯法规，其中祭祀、丧仪等极为重要，孔子及儒家承续这一历史遗俗的强大传统而加以理论化和理性化，形成"礼—仁"结构。外在为"礼"（人文），内在为"仁"（人性），以此为人道之本④。余英时先生也指出，礼乐是孔子思想中的传统部分，"仁"则是其创新部分。正是在"仁"这里，他找到了礼乐的内在根据⑤。关于礼与仁的关系以及如何践仁，颜渊与孔子的对话作了最好的说明：

> 颜渊问仁。子曰："克己复礼为仁。一日克己复礼，天下归仁焉。为仁由己，而由人乎哉？"
>
> 颜渊曰："请问其目。"子曰："非礼勿视，非礼勿听，非礼勿

---

① 金观涛、刘青峰：《兴盛与危机——论中国的超稳定结构》，法律出版社 2011 年版，第 272—273 页。

② 钱逊："儒学与人生"，载刘梦溪等编《中国高端讲座》，海南出版社 2006 年版，第 42 页。

③ 杜维明：《一阳来复》，上海文艺出版社 1997 年版，第 113 页。

④ 李泽厚：《论语今读》，安徽文艺出版社 1998 年版，第 38 页。

⑤ 余英时：《士与中国文化》，上海人民出版社 2003 年版，第 85 页。

言,非礼勿动。"

　　颜渊曰:"回虽不敏,请事斯语矣。"①

　　也就是说,仁为本,礼为表,行仁由礼是有效的时代路径。李泽厚先生指出,由"礼"归"仁",是孔子的创造性的理论贡献②。瞿同祖先生曾对礼的含义、本质与作用作了详细分析,它指出,儒家所讲的社会秩序是贵贱、尊卑、长幼、亲疏有别,要求人们的生活方式和行为符合他们在家族内的身份和社会、政治地位,不同的身份有不同的行为规范,这就是礼。礼的特征为"别异"或"辩异"③。

　　　　"故先王案为之制礼义以分之,使贵贱之等、长幼之差、知贤愚能不能之分,皆是人载其事而各得其宜。"④

　　　　(礼者)"序尊卑、贵贱、大小之位,而差外内、远近、新故之级者也。"⑤

　　这说明礼是差别性的行为规范,"名位不同,礼亦异数"⑥。每个人必须按照他自己的社会、政治地位去选择相当于其身份的礼,符合这条件的为有礼,否则就是非礼。如"天子山冕,诸侯玄冠,大夫裨冕,士韦弁。天子御珽,诸侯御荼,大夫服笏"。"天子雕弓,诸侯彤弓,大夫黑弓,礼也。"⑦歌舞表演,天子八佾,诸侯六佾,大夫四佾。鲁国的季氏以卿大夫行天子之礼,八佾舞于庭,孔子认为是严重的非礼,"是可忍也,孰不可忍也?"⑧历代冠、婚、丧、祭、乡饮等礼,都是按

①　《论语·颜渊》。
②　李泽厚:《论语今读》,安徽文艺出版社 1998 年版,第 30 页。
③　《瞿同祖法学论著集》,中国政法大学出版社 1998 年版,第 383 页。
④　《荀子·荣辱》。
⑤　董仲舒:《春秋繁露》卷九。
⑥　《左传·庄公十八年》。
⑦　《荀子·大略篇》。
⑧　《论语·八佾》。

照当事人的爵位、品级、有官、无官等身份而制定的,对于所用衣饰器物以及仪式都有繁琐的规定,不能僭用。在家庭中,父子、夫妇、兄弟之礼各不相同。夜晚为父母安放枕席,早晨向父母问安,出门必面告,回来必面告,不住在室的西南角(尊者所居),不坐席的中央,不走正中的道路,不立在门的中央,不蓄私财,是人子之礼。只有通过不同的礼,才能确定家族内和社会上各种人的身份和行为,使人人各尽其本分①。儒家认为,人人遵守符合其身份和地位的行为规范,便"礼达而分定",达到孔子所说的"君君臣臣父父子子"的境地,贵贱、尊卑、长幼、亲疏有别的理想社会秩序便可维持。反之,社会混乱,国家也不可得而治。因此,儒家极端重视礼在社会治理中的作用,提出礼治的口号②。孔子说"安上治民,莫善于礼"③,《左传》云"礼经国家,定社稷"④。礼为传统中国安邦治国之本,国家治乱全赖礼之兴废。礼是实现儒家理想的主要的时代工具。

当然,儒学也不是一成不变的,而是有一个发展过程。儒学在孔子开创的"礼—仁"架构的基础上,又经历了以阴阳五行为框架的两汉经学和以心性本体为框架的宋明理学两个发展期,形成了统辖、管制整个传统中国政教体制和人们行为举止的观念意识形态。儒学的教化、指引作用长达两千多年,中国之为中国,中国人之为中国人,儒教的作用可谓大矣。

三、儒教在型构"中国"中的巨大作用

与近代民族国家不同,传统中国为独特的"天下国家",以儒家为

---

① 《瞿同祖法学论著集》,中国政法大学出版社 1998 年版,第 383—384 页。
② 同上书,第 385 页。
③ 《孝经·广要道章》。
④ 《左传·隐公十一年》。

中心的传统文化在铸造中国方面就发挥了极其重要的作用。李泽厚先生指出,儒学在塑造、构造汉民族文化心理结构中的历史过程中,大概起了无可替代、首屈一指的严重作用。不但自汉至清的两千年的专制王朝以儒家教材作为做官求仕的入学初阶或必修课本,成了士大夫知识分子的言行思想的根本基础,而且通过各种层次的士大夫知识分子以及他们撰写编纂的《孝经》、《急就篇》一直到《三字经》、《千字文》以及各种"功过格"等,当然更包括各种"家规"、"族训"、"里范"等法规、条例,使儒学的很多基本观念在不同层次的理解和解释下,成了整个社会言行、公私生活、思想意识的指引规范。不管识字不识字,不管是皇帝宰相还是平民百姓,不管是自觉或不自觉,意识到或没有意识到,儒家所宣讲、所传布、所论证的那些"道理"、"规则"、主张、思想,已代代相传,长久地渗透在中国两千年的政教体制、社会习俗、心理习惯和人们的行为、思想、言语、活动中了[1]。可以说,儒学提供了编织中国社会与政治的基本原则,提供了中国人为人处世的基本规范。儒家理念对人的型塑,从日常生活与家庭成员的感情出发,以小见大,潜移默化,润物细无声。如在传统中国人中流传甚广的《朱子治家格言》(又称《朱子家训》)[2],开篇即讲:"黎明即起,洒扫庭除,要内外整洁。既昏便息,关锁门户,必亲自检点。一饭一粥,当思来处不易;半丝半缕,恒念物力维艰。宜未雨而绸缪,毋临渴而掘井。自奉必须俭约,宴客切勿流连。"对此,略识两字的小民都很听得进,常常书之悬挂家之中堂。儒家思想贯通中国社会上下,使精英文化与民俗文化杂糅互渗,成为稳定传统社会、润滑传统政治的重要工具。费正清先生指出,儒学对中国社会稳定不变的问题提供了一项伟大的历史答案。它是所有保守主义思想体系中最为成功的一

---

① 李泽厚:《论语今读》,安徽文艺出版社1998年版,第3—4页。
② 作者朱用纯(1617—1688),号柏庐,字致一,明末清初江苏昆山人,一生潜心研究程朱理学,著有《朱子家训》、《四书讲义》等。其中,《朱子家训》凡516字,最为著名,家喻户晓。

个。在两千年的大多数岁月里,儒家的思想意识成为世界上这一最大国家里的主要学习科目。单独一套被认为源出于一个古代圣人的始终一贯的思想体系,竟能在这么多世纪里成为政府权力合法性的理论依据,这种现象在世界上任何别的地方是从未有过的①。儒学是中国社会长期稳定和塑造传统中国的基石之一。

中国自古无国教,中国就走以道德代宗教之路②,儒家的理念提供了传统中国人安身立命之本。另外,中国儒学的包容性强,并不排斥其他宗教信仰,在儒、释、道"三教合一"中,它不动声色地渗入其他宗教,化为它们的重要内容和实质成分③。在中国的各类宗教里面,很有趣的是,社会伦理道德原则,基本上是儒家的领地,佛教也好,道教也好,最后都是用儒家的是非善恶标准。从古代的善书,到现在还十分流行的宗教宣传品中,我们可以看到,所谓"善",常常指的是孝顺忠诚、重视亲情、勤俭自律等,所谓"恶",常常指的是犯上作乱、鱼肉乡里、荒淫贪婪等④。儒教的广泛影响和高渗透性,就是中国社会上下左右一道贯之,具有高度的同质性与很强的同化能力。

当然,儒学在成就中华民族伟大的同时,也有其副作用。儒家的社会政治建构,以人伦为中心,礼治为中轴,将政治、伦理、宗教三者交融混合在道德之中。李泽厚先生指出,自远古起,伦理(父子)与政治(君臣)是一回事,再与祭祀、崇拜祖先相一致,斯是之谓"伦理、政治、宗教三合一",此即中国式的政教合一:思想观念、意识形态、社会体制的同一和合一。它在后世虽然具体形式多经变化,但这一传统却根深蒂固。虽后有佛、道,各具组织、仪式、教义,但并未能取代或消除儒学这"三合一"的强大传统来统摄制度、法律、公私生活。其后,虽再经近代西学冲击洗刷,却并未真正解体,而成为中国走进现

① 费正清:《美国与中国》,世界知识出版社1999年版,第53页。
② 梁漱溟:《中国文化要义》,学林出版社1987年版,第105页。
③ 李泽厚:《论语今读》,安徽文艺出版社1998年版,第5页。
④ 葛兆光:《古代中国文化讲义》,复旦大学出版社2006年版,第178页。

代社会的某种障碍①。一个社会越发展,社会结构分化程度就越高。儒家将社会、政治、宗教、学术等通过道德混同在一起,决定传统中国长期是一个低分化的社会。

中国儒教以伦理组织社会,重个人义务,轻个人权利,有利于维护父权、君权的统治。但也造成传统文化最大之偏失,就在个人永不被发现这一点上。个人失没于伦理义务之中,个人权利殆将永不被发现②。在儒家文化的长期浸润下,以权利为本位的近代自由思想与民主观念就很难萌生。儒教的泛道德主义延续两千多年,将一切问题最后都归结为道德问题,也使现代法治意识无从产生。

固然,提倡儒术使传统国家的上下组织间思想一致,帝国制度因此维持两千年之久,但也产生一种不良的影响——读书人除了做官之外,别无他业可从。以知识本身为目的,从未为政府提倡③。在儒家影响下,中国人治学一直以社会和人与人之间的关系为中心,而不是研究人如何征服自然④。中国儒家的实用理性,重类比联想,不重逻辑推论⑤,也限制了学术往科技方面发展。况且,儒学还重农轻工商,重文轻理工,视工商业者为贱业贱民,视科技为奇技淫巧,加以鄙薄轻视。文人从事科学研究和技术革新工作,只会降低身份⑥。因而,在儒教影响下,中国知识人就不往探索自然奥秘,推动科技发展的道路上走。

① 李泽厚:《论语今读》,安徽文艺出版社1998年版,第19、41页。
② 梁漱溟:《中国文化要义》,学林出版社1987年版,第259页。
③ 黄仁宇:《中国大历史》,三联书店1997年版,第66页。
④ 费正清:《美国与中国》,世界知识出版社1999年版,第72页。
⑤ 李泽厚:《论语今读》,安徽文艺出版社1998年版,第46页。
⑥ 沈大德、吴廷嘉:《黄土板结——中国传统社会结构探析》,浙江人民出版社1994年版,第1页。

第四章
士人中国

传统中国从社会构成上看,为士农工商"四民社会",而士为"四民之首"。士之性格、地位与行为模式如何,对传统中国社会形态的形成极为关键。

一、士人阶层为传统社会领导中心

传统中国的士农工商"四民社会",开始萌生于春秋战国时期,而当时是中国社会的一个大转型时代。上古时期,中国应有较长一段封建贵族社会。夏商周三代,到孔子时已难考,当时大约实行"封建"制度,即"封国土,建诸侯"。我们从《左传》中可以得到一点消息,范宣子说,他的家族从尧舜时期就已经受封为贵族,历经夏商周,一直到春秋时期,世代受封,延续千年之上,长盛不衰①。钱穆先生也指出,那时候,上层由某几个家族之取得政治上世袭特权而形成贵族阶级,下层有被一种均产精神的制约经济(如井田制按农民年龄受田还田)所管束而形成的平民阶级。贵族与平民两阶级长期对立,社会形成一较凝固的定型。但一到战国,贵族世袭特权推翻,制约经济解

---

① 见《左传·襄公二十四年》。

放，凝固的定型消失，许多新的力量（自由经济、平民学术）都在潜滋暗长。《管子》书起于战国，其中已明白提出士、农、工、商四阶层。中国自战国一下，当为"四民社会"①。那么，作为"四民社会"之一的士人阶层是如何而来的呢？

士人阶层的形成有一历史过程。士最初为封建社会之低级贵族，孟子在谈及周室班爵之制时说："君一位、卿一位、大夫一位、上士一位、中士一位、下士一位，凡六等。"②

至于大夫与士之间在禄之制上的差异，孟子说："大夫倍上士，上士倍中士，中士倍下士；下士与庶人在官者同禄，禄足以代其耕也。"③《国语·晋语四》记晋文公元年（公元前635年）的政治措施有云："公食贡，大夫食邑，士食田，庶人食力，工商食官，皂隶食职，官宰食加，政平民阜，财用不匮。"

由上述记载可以确知"士"是古代贵族阶级中最低的一个集团，而此集团中之最低一层（所谓"下士"）则与庶人相衔接，其职掌则为各部门的基层事务④。作为低级贵族，士有"食田"与固定的职业。

到春秋末战国初，中国社会开始发生大的变动。开始从贵族控制土地（井田制）和工商业（"工商食官"）的制约经济，向自由经济转变。钱穆先生指出，在春秋及其以前，照法理讲，农民绝无私有的土地，耕地由贵族平均分配。其后税收制度改了，贵族容许农民量力增辟耕地，又不执行受田还田手续，贵族只按亩收租（十税一）。循而久之，那土地所有权却无形中转落到农民手里去，井田制就废了⑤。与井田相对之禁地（包括牧场、猎区、山林、池泽、矿场、盐池等），照法理讲，亦属封君贵族所有，他们特设专员管理，不容许农民自由侵入。

① 钱穆：《国史新论》，三联书店2001年版，第17、44页。
② 《孟子·万章下》。
③ 同上。
④ 余英时：《士与中国文化》，上海人民出版社2003年版，第8页。
⑤ 钱穆：《国史新论》，三联书店2001年版，第7页。

贵族们凭此,占有一切小规模的工商业。工人商人全由贵族御用,指定世袭,并无自由私产。但到春秋末战国初,这一情形,也连带变动了。农民们不断侵入禁地捕鱼、伐木、烧炭、煮盐,作种种违法的生利事业,贵族禁不胜禁,到后来让步了,容许他们自由入禁地去,只在要路设立关卡,抽取他们额定的赋税①。这样,封建贵族掌握土地与经济实权之旧社会,就彻底改变。

经济形态的变化遂引起当时社会阶级结构的变动,即上层贵族的下降和下层庶民的上升。由于士阶层适处于贵族和庶人之间,是上下流动的会合之所,士的人数遂不免大增②。《左传》昭公三十二年(公元前509年),史墨对赵简子说:社稷无常奉,君臣无常位,自古以然。故《诗》曰:"高岸为谷,深谷为陵。"三后之姓于今为庶③。"于今为庶"的三后之姓当是泛论,指春秋以来亡国失势的贵族世家。到春秋晚期,从贵族阶层堕落下来的士,甚至被归入"民"的范畴。士阶层不断扩大,性质也起了变化。士不再是有"食田"与"有职之人",相反的,士已从固定的封建关系中游离出来而进入了一种"士无定主"的状态。他们有学问、有知识,以"仕"为专业,然而社会上却没有固定的职位在等待他们④。到战国时,新兴之士阶层(初为游士),已替代了春秋以前之封建贵族,而成为此下中国社会一领导的新中心。他们向上可以领导政府,向下可以领导民众⑤。

秦皇汉武也无法改变士为社会中心之基本格局,乃不得不成立士人政府以与社会相应。此后,士之社会领导中心地位在传统中国长期稳定,即使在国家动荡分裂甚至异族入主时均如此。钱穆先生从历史视角,对士之社会地位与稳定社会的基石作用作了系统分析。

① 钱穆:《国史新论》,三联书店2001年版,第7—8页。
② 余英时:《士与中国文化》,上海人民出版社2003年版,第10页。
③ 《左传·昭公三十二年》。
④ 余英时:《士与中国文化》,上海人民出版社2003年版,第15页。
⑤ 钱穆:《国史新论》,三联书店2001年版,第121—122页。

他指出，魏晋南北朝，中国为门第社会。然门第乃形成于士族，门第中人，亦皆中国传统社会中之所谓士。当时，政治乱于上，而社会定于下。上接两汉，下启隋唐，中国仍为一"四民社会"，士之一阶层，仍为社会一中心。在元代，政治大变于上，社会固未随之大变于下。其时学者，即传统之所谓士，相率杜门不仕，而隐于民间，以讲学为务。书院之盛，上凌宋，下躐明。其时虽已无门第，而白衣之士阶层，仍不失其为社会之领导中心。明末大乱，异族再度入主。政府亡于上，顾亭林谓之亡国。而社会士群，则仍能存天下于下。中国历史文化依然保存其大传统。总而言之，中国自封建贵族社会转移而成四民社会，远溯自孔子儒家，迄于清末。两千四百年，士之一阶层，进于上，则干济政治。退于下，则主持教育，鼓舞风气。在上为士大夫，在下为士君子，于人伦修养中产出学术，再由学术领导政治。广土众民，永保其绵延广大统一之景运①。士人阶层作为社会中心领导力量长期稳定，传统中国社会基本格局就能持久不变。

二、士与"道"及政权合法性

从政治学原理看，任何公共权力都不能免于合法性。古代中国权力的合法性，是与"道"联系在一起的。众所周知，权力不受制约必然腐败。西方哲人孟德斯鸠指出，一切有权力的人都容易滥用权力，这是万古不易的一条经验。有权力的人们使用权力一直到遇有界限的地方才休止②。西方中古，王权受到教权的制约；西方近代，国家权力运行，则发明出宪政制衡机制。在古代中国，虽然很早就提出了权力制约问题，但古代中国一无教会，二无宪法，那靠什么控制权力？中国回答这一命题的概念体系，为"道"与"势"，或谓"道统"与"政

① 钱穆：《国史新论》，三联书店2001年版，第46—51页。
② 孟德斯鸠：《论法的精神》，商务印书馆1961年版，第154页。

统"；基本思路为"以道驭势"，或谓以"道统"约束"政统"。君主统治不合于道，是谓无道昏君，就丧失了合法性。由于古代中国"道"的基本"载体"为"士人"，子曰"士志于道"①，因此，能否让政治上轨道，保证公共权力良性运行，士人的作用就非常重要。

"道统"的产生以及"以道驭势"，是春秋以降中国社会大变动的需要。费孝通先生指出，道统的概念是从一系列社会现实中发展而来的，其中一个主要因素是一个重要的社会子民阶级（即士）已经失去了他们的政治权力。道统观念的发展是由于已经出现了一种新型的人，学者—知识分子，他们被排除于政局之外，但还拥有社会威望。因为他们没有政治权力，这样的人就不可能决定政治问题。但他可以发表自己的意见，制定其原则，发生实际的影响。这样的人并不试图按照他们自己的利益来控制政治权力，而是提出了一系列伦理原则来限制政权的力量②。封建制度崩溃，士丧失了先前的政治统治权，只能利用手中的文化资源及凭文化优势间接影响政治。余英时先生指出，中国社会到春秋战国已是"礼坏乐崩"，礼不再出自天子，而出自诸侯，故孔子斥之为"天下无道"。"道"的担子便落到了真正了解"礼义"的"士"的身上。孔子说："士志于道，而耻恶衣恶食者，未足与议也。"又说："士而怀居，不足以为士矣。"③孔子以后，百家竞起，虽所持之"道"不同，但大体言之不但与诗书礼乐的传统有渊源，而且也都以社会政治秩序的重建为最后的归宿目的④。因此刘歆说诸子"合其要归，亦六经之支与流裔"，司马谈则说"夫阴阳、儒、墨、名、法、道德，此务为治者也"⑤。因而，以道自任、以社会政治秩序重建为归

---

① 《论语·里仁》。
② 费孝通：《中国绅士》，中国社会科学出版社2006年版，第15—16页。
③ 《论语·宪问》。
④ 余英时：《士与中国文化》，上海人民出版社2003年版，第107页。
⑤ 《史记·太史公自序》。

宿的新兴士人阶层,在历史上一出场管的就是恺撒的事①,后世"以天下为己任"、"天下兴亡,匹夫有责"等观念都是从这里滥觞出来的。也就是说,中国古代的士人一开始就与政治权威发生了面对面的关系,但是,以现实的势力而言,士人与各诸侯国的君主是绝对无从相提并论的。士人之所以受到尊重,基本上是因为他们代表了"道"。在各国争霸的局面下,王侯除了需要知识分子的技术服务外,同时更需要"道"对他们的"势"加以精神的支持。建筑在赤裸裸的暴力基础上的"势"是不可能有号召力的;政权多少都要具备某种合法性②。这也奠定了士人与国家政权关系的基本格局,正如费孝通先生所言,自从公元前 3 世纪起,一个中央集权的政治权力建立了起来,而作为一个阶级的绅士从未企图去控制政权③。自此,士人之主要工作即为制定规则、坚守道统、评议政治、教化社会,至多从政做官以中和软化君主的权力。

关于传统中国"道"与"势"的关系,余英时先生作了最为精到的研究。他指出,中国士人不但自始即面对着巨大的政治权势,而且还要直接过问"恺撒"的事。他们虽自任以"道",但这个"道"却是无形的。它既不化身为人格的上帝,也不表现于教会式的组织;而只有靠以"道"自任的个人——士人——来彰显④。费孝通先生也指出,孔子的道统采取的不是行动,而是制定了一个好皇帝(和一个好公民)的标准或规范。至于君主是否按照这种方式行动是另一回事。传统中国政治哲学区分了作为"知"的学者和"行"的君主范畴的不同⑤。士人对"道",是"用之则行,舍之则藏"。当然,为了使"道"不受委屈,余英时先生指出,中国古代士人也进行了客观和主观两方面的努力。

---

① 不像西方"恺撒之事归之恺撒,上帝之事归之上帝",上帝之国与世俗之国有清楚的分野。

② 余英时:《士与中国文化》,上海人民出版社 2003 年版,第 107 页。

③ 费孝通:《中国绅士》,中国社会科学出版社 2006 年版,第 14 页。

④ 余英时:《士与中国文化》,上海人民出版社 2003 年版,第 110 页。

⑤ 费孝通:《中国绅士》,中国社会科学出版社 2006 年版,第 19—20 页。

客观方面包括"道"的形式化努力和建立"道"尊于"势"的观念,以期与"势"分庭抗礼。最明显的便是以"道"为标准,而把士人与君主的关系分为师、友、臣三类。例如魏文侯"师子夏、友田子方、敬段干木"①。费惠公则曰:"吾于子思,则师之矣;吾于颜般,则友之矣;王顺、长息,则事我者也。"②在"道"与"势"双方彼此需要的情势下,这个分类办法最后终于成为一种普遍接受的公式。士人与王侯间的这种师友关系,后来在齐国所设立的"稷下先生"制度中更进一步规范化。稷下先生的特色是"不治而议论","不治"是表示他们"无官守",也就是说他们与齐王并非君臣关系。"议论"则是他们的专职,即"言责"。当时的士人各持其"道"以批评政治,稷下学宫则正式将这种言论自由加以制度化,以示"势"对"道"的尊重。中国古代士人还建立"道"尊于"势"的观念,使拥有政治权势的人也不能不在"道"的面前低头。因此,孟子有道尊于势之论,荀子以圣与王并列。他们在这一方面的努力多少发生了一些效果,虽然并不能彻底地驯伏"势"。至少后世的士人中颇不乏接受这种观念的人③。其后,董仲舒抬出一个"天"字显然有镇压"势"的作用。费孝通先生指出,如果董仲舒再进一步,最后他可能把学者从一个天意解释者变成一个教士。因此,学者—教士有可能形成一种有组织的教会,而且有神的制裁力,可能强大到足以制约不加限制的君主的权力④。然而,遗憾的是,随着董仲舒因借灾异解经批评皇帝险些被处死刑(终被流放),以后无人再敢沿此方向努力了。中国士人通过宗教手法制约皇权的尝试,发展到"天谴"阶段,就戛然而止。再其后,程、朱一派把心性主体贯通到客观性的"理",多少也含有与"势"抗衡的意味。在主观努力方面,古代士人则提倡内心修养,这是要给"道"建立内在的保证。余英时先生指出,在

---

① 《吕氏春秋·举难》。
② 《孟子·万章下》。
③ 余英时:《士与中国文化》,上海人民出版社 2003 年版,第 108—109 页。
④ 费孝通:《中国绅士》,中国社会科学出版社 2006 年版,第 27 页。

西方和其他文化中，只有出世的宗教家才讲究修养，一般俗世的知识分子似很少特别注意及此的。中国士人入世而重精神修养是一个极显著的文化特色。从孔子开始，"修身"即成为士人的一个必要条件，化为士人一种内在的道德实践。孔子提出："修己以敬"，"修己以安人"，"修己以安百姓"。"道"的重任虽在"士"的身上，而"道"的实现则是社会上人人分内之事。在这个意义上，"修己"是一个普遍性价值。因此，《大学》云："自天子以至于庶人，一是皆以修身为本。"可见，中国士人之所以强调修养，不但与"道"的性格有关，而且涉及"道"与"势"之间的关系。先秦时代，列国竞争，"势"对于"道"多少还肯迁就。大一统政权建立之后，"势"与"道"在客观条件上更不能相提并论，士人的处境因此也更为困难，他们不得不再重走"修身以立道"的内倾路线。固然，以"道"驯"势"的过程极为艰难，但持"道"不屈的君子，即使在中国史上最黑暗的阶段也未尝完全绝迹。正是因为这些人物的前仆后继，中国今天才依然存在着一个不绝如缕的知识分子的传统[1]。

总体来看，传统士人与国家政权之间的关系，以其是否有制度化参政轨道为准，这分前后两个阶段。隋唐以前，士人参政缺乏制度化轨辙，士人与皇权国家尚未紧密结为一体。当时，士人大体仍处于"游士"阶段，是活泼动进的。尽管汉武帝做了让士人经"郎吏"再转官员的制度化努力，但游士、游侠之风始终难绝迹。此期，士人对皇权的约束较为积极主动，并做了各个层面的（尤其是在汉代）探索。如汉代，士人至少在三个方面做了努力：一是重提并发展"禅让"制，以让汉皇能和平交权（几个儒生为此还付出生命代价）；二是创造干预人间事务的神的观念，试图通过宗教制约皇权（董仲舒为此遭流放）；三是通过结党的组织化行动（如太学生的集体行动），来制约皇权，结果引来"党锢之祸"。传统士人的三次努力，均遭到皇帝

---

[1]　余英时：《士与中国文化》，上海人民出版社 2003 年版，第 110—114 页。

中国社会政治分析
▶▶▶

的猛烈反击而惨遭落败。其后，士人的行为日趋消极，而皇权就日趋强势，隋唐可谓一转折。隋唐开始推行科举制，士人通过科举而制度化参政，从而就与皇权国家紧密结为一体。科举制的实质是皇帝对天下读书人的政治收购①。"在山泉水清，出山泉水浊。"②既然选择出山入仕，士人自此就走上从体制内软化君主权力及偏于内倾自修的路子。

当然，这不是说皇帝从此就可为所欲为了。由于普适性的"纲常名教"行为规范已经建立起来，而且在全社会形成浓重的社会氛围。"纲常"中"五常"之地位又高于"三纲"，是为国家根本大法，皇帝也必须遵守，否则也会影响其统治之基础。皇帝作为人子，也必须遵守"孝弟"等人伦规范，而且需率躬垂范，做全民之榜样。皇帝同平民百姓一样，也需受教育，也必有师，而其师必为士，他们均为当朝修养颇深的硕学大儒。根据传统习惯，皇帝为皇太子时即应就读，受傅于翰林院诸学士，称为东宫出阁讲学。登极之后，除继续就读而外，他还要出席另一种形式的讲学，即所谓经筵。黄仁宇先生对皇帝受师作了形象的描述，他说，万历小皇帝就有五个主讲经史的老师、两个教书法的老师和一个侍读。作为皇帝的老师，内阁首辅张居正还亲自编定讲章作为万历的教科书。皇帝复习功课，如果准备充分，背书如银瓶泄水，张先生就会颂扬天子的圣明；但如果背得结结巴巴或者读出别字，张先生会立即拿出严师的身份加以质问，使他无地自容。皇帝带领朝廷重臣参加经筵集体学习时，也必须态度端庄，凝神静听。如果当今天子偶然失去了庄重的仪态，把一条腿放在另一条腿之上，讲官就会停止讲授而朗诵："为人君者，可不敬哉?"这样的责难不断重复，决无宽贷，一直到这个为人君者突然发现自己的不当而加以改正，恢复端庄的形态为止③。在修身为本的中国传统社会，皇帝也必

---

① 刘建军：《古代中国政治制度十六讲》，上海人民出版社 2009 年版，第 187 页。
② 杜甫：《佳人》，摘自蘅塘退士编《唐诗三百首》，中华书局 1959 年版，第 5 页。
③ 黄仁宇：《万历十五年》，中华书局 1982 年版，第 10—11、45 页。

须修己向善，以为臣民模范。如果皇帝行为放纵，偏离正轨，制度设计中的言官就会放言直陈皇帝之不是。余英时先生指出，孔子"修己"之说，无疑首先是针对士讲的，不过由于人君在政治社会秩序中处于枢纽的地位，他当然更应有"修己"的必要。政治中心无"德"而能达到"天下有理"的境界是不可想象的。后世儒家特别强调皇帝必须"正心诚意"，其故即在此。朱子一生对皇帝便只说"正心诚意"四个字①。传统中国政治中之言官，放言直陈不但无罪（当然会有风险），反而因为胆敢毫不留情地批评皇帝而青史留名。唐代魏征对太宗忠心耿耿，每每犯颜直谏，成为纠正太宗过失的一面镜子，成就了贞观之治，魏征也得以名传千古。就是不负言责的其他官员中，也不乏痛感责任在身，而杀将出来抨击时政的，最为著名的就是海瑞。他当时任户部主事，于嘉靖四十五年抬棺上朝，上了锋芒毕露痛骂皇帝的"千古第一上疏"。在上疏中，他毫不客气地指责皇帝空虚堕落，潜心修醮，以至于二十多年不上朝理政，导致纲纪废弛，吏治败坏，民不聊生，"天下因陛下改元之号，而臆之曰：'嘉靖者，言家家皆净而无财用也。'"海瑞直批皇帝"心惑"、"苛断"、"情偏"，希望嘉靖能"幡然悔悟"，洗刷"君道之误"②。总而言之，旧时中国士人的所有这些安排、努力，无非都是以道统约束政统，规范皇帝之行为，希望其就有道而为明君也。

中外对比来看，中国士人在历史上一出场，并不走与君主分权并最终制服君权的路子，而是提供权力运行之规则、坚守道统及通过入仕中和软化君主之权力。

这样，传统中国的帝国政治，下有小农经济之基础，上有士人参与与支持，外有儒家文化之雕琢与润饰，就能持久屹立而不倒。

---

① 余英时：《士与中国文化》，上海人民出版社 2003 年版，第 110—111 页。
② 樊树志：《明朝大人物》，复旦大学出版社 2011 年版，第 218 页。

三、士为传统中国社会定型与
社会稳定的支撑力量

"士谋道而不谋食"的基本性格,有为传统中国社会定格的巨大作用。钱穆先生指出,中国旧传统之所谓士,乃是不从事于生产事业的,所谓"士谋道而不谋食"。其所谓道,上则从事政治,下则从事教育。在士的身上,政治事业与教育事业绾合为一,他们都不以私人经济为急务。孟子称士为劳心者,农工商为劳力者。劳力者食人,劳心者食于人。此一分别,乃成为中国社会一传统形态,直经两千年未变[①]。士只为大群着想,不为一己着想。士附随有一种宗教精神。士是一种不出家的,又没有教会组织的一项教徒。若说有此项宗教,当称为儒教。孔子则为其教主。周公传下的《诗》、《书》古经典,等于耶教中之《旧约》。孔门弟子所传下的《论语》,则如耶教中之《新约》[②]。梁漱溟先生也指出,中国传统社会秩序之维持,不假强制而宁依自力。然强制虽则少用,教化却不可少。自来中国政府是消极于政治而积极于教化的,教化之所以必要,则在启发理性,培植礼俗,而引生自力。这就是士人之事了。士人居四民之首,特见敬重于社会者,正为他"读书明礼"主持风教,给众人作表率。有了他,社会秩序才是活的而生效。夫然后若农、若工、若商始得安其居乐其业。他虽不事生产,而在社会上却有绝大作用[③]。传统中国是以士人为轴心领导力量的社会。

士人在组织传统中国上发挥着基础性作用。传统中国读书人(士人),通过科举考试,及第入仕,则组成士人政府,在上领导政治;科举不中(或仅为最低功名的生员),则在下从事教育,领导社会。这

---

① 钱穆:《国史新论》,三联书店 2001 年版,第 122 页。
② 同上书,第 129 页。
③ 梁漱溟:《中国文化要义》,学林出版社 1987 年版,第 213 页。

种科举不中的士人，必是读书人的多数，他们就组成在中国传统基层社会影响极大的绅士阶层（当然包括已致仕的官员）。在传统中国，县政府由于官员太少、经费不足，知县还因回避原籍、任期极短、地方情形不熟等原因，而造成地方治理的困难，官吏们在任上所做之事（特别是县官）极为有限。张仲礼先生指出，官吏处理地方事务总是一再向绅士们咨询、求教以及寻求协助；作为地方的代言人，绅士常常说服政府接受他们的看法。县官所做的事极为有限，绅士所做之事或许可称为"半官方"的，因为绅士代政府而行事，但又不是政府的代理人。有时绅士受命于官宪而行事，或协助官府办事。有时官吏们倡议某些事，由绅士去干，并且让绅士放手去推行。还有的时候绅士倡议某些事，然后由官府批准，往往还得到官府经费上或其他方面的实际支持。然而，绅士也常常自行其是，官府只能默认或者勉强容忍。绅士仍然是一个社会集团，在自愿的基础上行事①。由于传统国家正式权力触角伸入得有限，绅士在基层社会就发挥着非常广泛的作用，包括治安、教化、民间调节、道路和水利等社会公益事业的兴办等。

绅士在传统中国构成官民中介，填补了县衙与农户之间治理上的真空。绅士凭其身份，还可对地方官员发挥制约作用。作为绅士阶层的一员，其社会地位与知县不相上下，有时他的品级更高，知县无权革去其绅士身份②。他们有与平民百姓不同的穿戴和称谓，参加特殊的礼仪，享有免除徭役、不受刑罚、减税等优待，并可自由见官。绅士还以科举、地缘、血缘关系为纽带，结合成亲情关系网，即科举的同榜构成师生和同年的政治关系，同一乡里则又构成同乡关系。凭借这些关系，绅士甚至有时可控制地方守令。

这样看来，在传统社会的国家、绅士和农民的结构关系中，绅士

---

① 张仲礼：《中国绅士》，上海社会科学院出版社 1991 年版，第 50—52 页。
② 同上书，第 32 页。

可谓中国传统社会的定型力量和稳定因素。孙立平先生曾指出：传统中国的国家、民间统治阶级（绅士—地主集团）和民众三层结构形成两个相互分离的系统。一个是由皇帝、职业官僚组成的政治系统，另一个是由民间统治阶级和民众构成的社会系统。两个系统在结构与功能上的分化是相当清楚的，特别是在日常生活中，往往互不干涉。皇权和职业官僚系统并不鼓励甚至限制其下层官员介入乡里的日常生活，这就使基层社会享有相当程度的自治性。而社会系统介入和影响政治系统的正式途径也是缺少的（绅士—地主集团没有自己的组织形式，只能以私人关系对政治生活施加影响）。社会系统是整个帝国体制的基础，民间统治阶级在三层社会结构中具有极端的重要性。农民起义打击的是帝国的官僚机构，而很少将矛头对准绅士—地主阶层。皇冠虽然可以落地，但绅士与农民的结构关系依然可以保存下来，帝国体制可以周期性的得以恢复与重建①。梁漱溟先生也指出，士人在官和民之间缓冲调节，有其巨大作用。他说，按之历史实情，社会秩序最后既然仍不能无籍于王权，则不可避免地，君主还是居于最高。于是士人只有转居于君主与民众之间，以为调节缓冲。权力不遵乎理性而行，在人群中不会没有问题的。彼此以力对力，便容易演惨剧而大家受祸。此时只有尽可能唤起人们的理性，使各方面自己有点节制。谁来唤起？这就是士人居间来作此工夫了。君主权力自为最高，但最好不与民众直接见面。盖在事实上，君主越多用权力，自己越不易安稳，实不如施温情，兴教化，以理性示人。在民众则大体上原无所需于权力，而只希望它不扰民，却亦要各人孝弟勤俭，无问题发生而后免于权力干涉之扰。士人于是就居间对双方作工夫：对君主则时常警觉规谏他，要约束自己少用权力，而晓得恤民。对民众则时常教训他们，要忠君敬长，敦厚情谊，各安本分。大要总是抬出伦理之大道理来，唤起双方理性，责成自尽其应尽

---

① 孙立平："中国传统社会王朝周期中的重建机制"，《天津社会科学》1993 年第6 期。

之义,同时指点双方,各自走你们自己最合算、最稳妥之路吧!这样就适合了大家需要,而避免其彼此间之冲突。不然的话,君主发威,老百姓固然受不了,老百姓揭竿而起,君位亦难保险①。这样,士人居间调节缓冲,就使传统中国社会极富弹性和抗震性。

另外,士人阶层通过科举制形成稳定的继替常规,保证了传统中国社会与传统中国政治持续有效的组织资源。士人(绅士)力量的兴衰与向背,直接决定着帝制的稳定与走向。晚清绅士阶层的瓦解与蜕变,就导致了帝国体制的彻底解体。

---

① 梁漱溟:《中国文化要义》,学林出版社 1987 年版,第 214—215 页。

第二编　转型与重铸

从鸦片战争起的一系列战事中,中国面对已经实现工业化的西方列强,几乎全部战败,于是中国人开始检讨自己在世界上的定位,也重新组织规划中国①。中国要在世界上立足,就必须根本转型,建立起民族的工商业,还要建立现代的经济、政治、教育制度,并要有现代化的治理机构。这是一项艰难的社会转型,也是现代重铸的巨大工程。蒋廷黻先生讲得最为明白,他说:"近百年的中华民族根本只有一个问题,那就是:中国人能近代化吗?能赶上西洋人吗?能利用科学与机械吗?能废除我们家族和家乡观念而组织一个近代的民族国家吗?能的话,我们民族的前途是光明的;不能的话,我们这个民族是没有前途的。因为在世界上,一切的国家能接受近代文化者必致富强,不能者必遭惨败,毫无例外。并且接受得愈早愈速就愈好。"②中国在近代转型过程中稍慢一步,就遭到日本的痛击而惨败。因此,中国必须尽快从中古社会、中古国家,转型为现代社会、现代国家。

　　①　许倬云:《从历史看时代转移》,广西师范大学出版社 2007 年版,第 56 页。
　　②　蒋廷黻:《中国近代史》,团结出版社 2006 年版,第 2 页。

第五章
社会危机与整体转型

1840 年大清帝国的大门被列强打开,中国传统社会开始受到巨大冲击。传统中国社会一向建立在农业经济之上,骤然接触到近代商业经济性的西洋社会,就手足无措了,旋即陷入整体性危机。随后,中国社会开始了非常艰难的整体性的大转型。

一、小农普遍贫困化与社会动荡

历史上传统中国的社会基础,是通过均田等措施来维持亿万自耕农。清初时,华北与江南还均以自耕农经济(清政府采取扶植小自耕农的政策)为主。然而在其后三个世纪以来的人口增长与阶级分化的压力下,尤其是在近代外国工业制成品的冲击下,华北的小农经济向半小农、半雇农的方向快速发展,而江南的小农经济则向佃农的方向迅速迈进。

传统中国的经济模式一向是男耕女织、农工结合,近代以来外国工业的猛烈冲击,使中国经济正常运转的链条断裂。许倬云先生指出,中国从汉朝开始,手工业的生产一部分在城市、一部分在农村;除了瓷器、铁器外,其他如家具、鞋子、农产加工品以及服饰等,大部分系由农村提供①。传统中国经济,很早就形成自成一体的自足体系。但是,传统中国的经济社会结构从其延续的稳定性来看,似乎达到了一定的平衡。当近代中国开始和有着工业优势的西方打交道时,这种平衡被打破了。机器时代给中国人带来了现代化,同时,中国被迫进入世界社区②。现代工业给予西方一种从未有过的压倒农业文明的力量,西方现代工业导致中国乡村传统手工业急剧衰弱,瓦解了中国小农经济的基础。工业制成品,无论是麻布还是棉布,均比中国小农织的土布,品质要好得多,价格也便宜得多。对中国来说,鸦片战争战败已是吃亏,但是比起国外工业产品大量入侵的情况,却是小巫见大巫:国外工业产品入侵,等于拔了中国经济的根,其影响是深远的。许倬云先生指出,算算传统的情形就可看出:一家农户的非农收入,往往占其总收入的40%,其中包括男耕女织等收入。当外来的机械工业产品抢走农民生计后,每一户农民只剩下60%的收入可以过日子,也因此导致农村社会愈来愈贫穷③。农民就更加依赖日益减少的可怜的小块土地了。

到20世纪30年代,华北地区45%的农场面积降到10亩以下,而一户维持生计最起码的要求是15亩。加之人口增长与阶级分化,使雇工工资低到只能依赖佣工收入无法维持一家生计的地步(工资压到约相当于劳动者所生产的总值的1/3的水平,只够维持劳动者本身的生计)。结果便产生了一种特别苛刻的生存方式:一个贫农既然无法单从家庭农场或单从佣工满足最起码的生活需要,他就只好同时牢牢地抓住这两条生计不放,缺一便无法维持家庭生活。在这样一个小农经济中,社会变迁的主要内容,是趋向越来越多的同时束缚于家庭农场和雇佣劳动的半小农、半雇农。从华北来看,20世

---

① 许倬云:《从历史看时代转移》,广西师范大学出版社2007年版,第57页。

② 费孝通:《中国绅士》,中国社会科学出版社2006年版,第124页。

③ 许倬云:《从历史看时代转移》,广西师范大学出版社2007年版,第58—59页。

纪 30 年代约有半数的农户属于半小农(贫农)①。

　　1939—1940 年满铁调查的江南六县(嘉定、太仓、常熟、松江、无锡和南通)的平均租佃率为 61％。其中松江县华阳桥镇西里行滨、许步山桥等 4 村鸦片战争前还是以自耕农为主的村庄,到清末全村已有近一半的农户成为佃农或半自耕农。再到 1939 年,4 村共 63 户人家,从事农耕的有 61 家,其中 60 家已沦为佃农或半自耕农,只有 1 户是有地 3.5 亩的小自耕农。4 村耕地共 548.59 亩,村民自有耕地仅 81.71 亩,只占总耕地的 14.9％,而 85.1％的耕地是租入的。太仓县直塘镇遥泾村,土地租佃率更为惊人。据 1939 年调查,该村 398.85 亩耕地中,有 371.95 亩是租入的,租入地占 93.3％。村中全是佃农、半自耕农及雇农,没有一户是靠耕种自己的土地为生的自耕农。更有甚者,村中 52 户人家,租入宅地的竟有 39 户,占村户的 75％。全村 2/3 的农户真可谓"上无片瓦,下无立锥之地"的赤贫户②。费孝通先生 20 世纪 30 年代通过乡村调查,也得出结论:中国农村的基本问题,简单说,就是农民的收入降低到不足以维持最低生活水平所需的程度。中国农村真正的问题是人民的饥饿问题③。

　　笔者曾做过细致调查研究的鲁中山区康村(属山东青州市),新中国成立前向贫农经济方向的发展也非常明显。1948 年全村 110 户(410 人)人家中有 54 户为贫雇农,占总户数的 49.1％。该村有 15 户 15 人打长工,有 30 户 38 人打短工。因生活困顿被迫下关东的 8 户 8 人,去山西的 4 户 15 人。康村土改时,村里所划的唯一一户地主,其人均土地也仅 4.1 亩。青州市西十里庙村贫困更在康村之上,同年该村 109 户(467 人)人家中,贫雇佃农共 60 户,占总户数的 55％。全村有耕地 210.77 亩,人均 0.45 亩。西十里庙只有一户地

　　① 黄宗智:《华北的小农经济与社会变迁》,中华书局 1986 年版,第 301—303 页。
　　② 参见曹幸穗:《旧中国苏南农家经济研究》,中央编译出版社 1996 年版,第 25 页。
　　③ 《费孝通文集》(第二卷),群言出版社 1999 年版,第 199 页。

主,且小得不成样子(其全家 6 口人,占地 12.4 亩,人均 2.07 亩)。富农 8 户(34 人),占地 36.75 亩,人均 1.08 亩(户均 4.59 亩)。地主、富农以外的大多数农户人均耕地仅 0.38 亩[①]。

　　小农的贫困化,有深远的社会影响,会改变他们与村庄组织以及与国家政权的关系,弱化对国家的支持。自耕农的生产活动一般全在村内自家的土地上进行,与村庄有切身利害关系,因而是村庄组织的骨干。一个小农失去土地,会使其在村庄组织中的地位下降。因脱离了切身的利害关系,他不再关心村内公共事务。那些在外佣工,尤其是常年在外的长工,会逐渐与自家的村庄疏远。贫农比中农更可能响应消除租佃和雇佣关系的革命运动。作为与宗族和村庄集合体关系较松散的人,贫农也比中农更容易组织动员。他们之中完全脱离了家庭农作而长年出外佣工的人,可能是革命过程中的"引火料"[②]。小农的普遍贫困化,是新中国成立前中国社会大规模动荡的结构性基础,预示着中国社会结构的全面改造与社会重组。因为真正的穷人在农村也难留下来,他们只能抛弃土地。"但是一旦离开了土地,他们本身也摔掉了土地的束缚。"[③]他们是心怀不满、无所顾忌的游民,因此有革命性质。20 世纪初,"在许多地方,游民的比例高得惊人,陕西某县高达百分之九,湖南某县高达百分之二十五。"[④]到三四十年代,情况更趋严重,"农民们没有粮食吃,没有房子住,处境极其悲惨。他们不得不扶老携幼弃家出走,逃难的浪潮就像无尽的波涛,无论时间流逝多久,同样的情景依旧发生"[⑤],中国传统社会已走到革命改造的前夜。

————————————

　　① 朱新山:《乡村社会结构变动与组织重构》,上海大学出版社 2004 年版,第 48—50 页。

　　② 黄宗智:《华北的小农经济与社会变迁》,中华书局 1986 年版,第 316 页。

　　③ 费孝通:《中国绅士》,中国社会科学出版社 2006 年版,第 120 页。

　　④ 费正清、刘广京:《剑桥中国晚清史(下卷)》,中国社会科学出版社 1993 年版,第 671 页。

　　⑤ 费正清:《剑桥中华民国史(第二部)》,上海人民出版社 1992 版,第 290 页。

二、传统国家治理模式的衰败

晚清以来,外来现代性因素的冲击、经济扩展、商品化趋向增强、人口膨胀、阶级分化,使传统国家通过绅士间接治理的模式失效。所有这些因素结合在一起,就实质性地改变了政府的任务和形式[①]。这种改变的表现是,传统国家的组织机制与思想基础都遭破坏,国家被迫采用新的治理方式。

传统的国家、绅士和民众三层结构有共同一致的思想基础,这是上下协调、稳定有序的关键。杜赞奇曾指出,传统国家政权是儒家思想交织在一起的行为规范与权威象征的集合体。国家正是通过象征性代表维持秩序。然而,20 世纪时,国家政权在竭尽全力放弃甚至摧毁传统文化网络之时,其建立新的沟通社会的渠道又进展甚微,这只能削弱国家政权本身的力量[②]。从文化角度来说,新旧社会之交,标志着国家与社会之间关系的转折。朝廷的衰弱、科举制的废除、国家掌握的爬升社会上层的诱饵不复存在、对儒家教育中利他动机的冷漠,造成传统绅士角色的大变,他们既不保持对上的忠诚,也不再保持对下的服务、奉献和保护。他们地位的合法性下降了,剥削性增强了,这直接影响中国基层社会的性质及其治理。

与此同时,晚清政府连惯常的维持秩序的功能都不能保持(突出表现是不能镇压 19 世纪中期的大叛乱),结果出现了长期的地方军事化和权力下移趋势(绅士接管地方行政)。官府需要委托基层社会最适合的人选来负责地方治安,他们就是镇压叛乱的团练组织的绅士管理人员。结果,保甲旁落到地方绅士之手的趋势成了咸丰朝及以后基层中国的共同特征。把正式的行政权委托给绅董之举,也被

---

① 罗兹曼:《中国的现代化》,江苏人民出版社 1988 年版,第 381 页。
② 杜赞奇:《文化、权力与国家——1900—1942 年的华北农村》,江苏人民出版社 1994 年版,第 32 页。

晚清的官员看成是一个改革措施。通过剥夺胥吏衙役的那些他们赖以进行敲诈勒索的正式政府任务——特别是征税权与治安权——和把那些任务委托给绅士本人,政府常常能安抚地方的名流。内战的混乱局势造成了地方名流绅士权力的扩大,这种权力常在县以下政府的正式机构中行使①。旧制中绅士的权力主要是通过非正式渠道来行使的,因为执行琐碎的行政任务不符合绅士地位的尊严。现在,绅士直接进入正式的行政机构,将改变绅士在传统的国家与社会之间的中介角色,深刻影响原来国家—绅士—民众的结构关系。

民国诞生前后,曾推行地方自治,其主要结果是使名流绅士在其故乡村社的习惯权力合法化。地方自治与存在的绅权相结合的方式,可以从县以下区(所谓自治区)的发展中看出。从民国初期直到 1928 年国民政府成立,区在行政法中被承认是最小的有效行政单位。区长或区董被委以地方登记、治安以及教育、卫生、地方公共工程和一切按传统由绅士执行的地方常规公务的职责。许多地方的记载证明,农村名流通过控制自治的机构力图维持他们在村社的统治,这个过程延续到 20 世纪 30 年代和 40 年代的国民政府时期。1931 年陕西的一份记载叙述了绅士通过贿赂得到区长和其他地方职务的情况;他们利用这些职务开始派捐,勒索了巨额钱财。据 1938 年一份报告,在贵州,旧保甲制的保在自治制度下已变成了土豪领导的基本上自治的单位,这些土豪都是大地主②。旧有绅士屈尊变为国家机构的下层正式人员,是传统中国基层治理格局的大变。

黄宗智先生也指出:近现代中国地方绅商之参与政治,最初,无疑是意味着国家政权向非官方的上层人物转移的。地方绅商的官僚

---

① 孔飞力:《中华帝国晚期的叛乱及其敌人》,中国社会科学出版社 1990 年版,第 226—228 页。

② 同上书,第 229—232 页。

化,实际上变成了国家政权的扩充和渗入村庄的主要工具[1]。这本身即是传统国家权力突破原来的社会结构关系,进一步向下延伸并膨胀的过程。

从清末"新政"起,经数十年的国家政权建设,常备的保卫团、现代的公立学校以及新式的警察,都已成为县政府属下的常设机关,地方政权的扩张,就加重了县政府的开销,从而提高了它们对村庄赋税方面的要求。

在新的压力下,国家(县衙)的赋税征收机构开始发生转变:由20世纪以前的里书、社书等"包税人"(他们通常并不住在村中,赋税征收对象是个别的农户,与村级组织本身关系不大[2]),向正式的区长——村长的行政渠道转变(村庄整体成为纳税、摊派的对象)。随着清末民初传统国家机器的衰弱和瓦解,原有旧式收税机关受到更大的腐蚀,粮册和赋税征收多由商人包揽。20世纪20年代后期,许多地方政府试图对旧收税机器加以改造。在区级设"保正"、区下设"地方"(负责五六个村),作为两级收税员。"保正"和"地方"多由乡村中身份低贱的人担任。但仍难应付征收新加摊款的需要,南京政府改由新设的行政机关来征收。区长和村长成为征收摊派的主要人员。县"经征处"定下区长的征收额后,区长便召集辖下的村长分派税额。每个村长要负责收足摊派给他自己村庄的税额。收到的款项,再由此行政渠道上缴:村长把款交给区长(如果有乡长,就经过乡长),区长发出收条并把款项交到县库房。伴随摊款的逐步增加,新的行政机关逐步完全凌驾于旧收税机器之上。"保正"变成了区长的信差,"地方"成为村中行使实权的村长和其他首事的信差,或者在新行政系统面前逐渐消失[3]。

很清楚,将向下延伸的地方行政机构正规化,是巩固国家政权的

---

① 黄宗智:《华北的小农经济与社会变迁》,中华书局1986年版,第313页。
② 沈延生:"村政的兴衰与重建",《战略与管理》1998年第6期。
③ 黄宗智:《华北的小农经济与社会变迁》,中华书局1986年版,第296—298页。

有效办法,从而可使下层政权与上层保持一致。问题是如何使官僚机构下层服从。韦伯认为达此目的需具备三个条件:第一,官员有可靠的薪金;第二,官员职业稳定,并有晋升机会;第三,官员有明确的职位感,下级服从上级[1]。但晚清新政以来的历届政府都不能将县级以下机构完全官僚化。正如黄宗智先生所指出的,民国政府假如具有真正完全现代化的行政机关系统,或者国民党确实拥有现代政党的机器,那么,地方政治变化,就会是一个简单的现代官僚制度化的过程。国家机器的官员和权力,会渗透到地方社会和自然村中。反之,如果民国政府只是一个和清代政权同样的国家机器,那么,地方政治的变化,只不过是官方对地方和村中的原有领导分子加以形式上的委任罢了。而实际情况则是介乎两者之间。民国时期的国家机器,不能将正式的官员和权力直接伸入到县以下的各级行政组织。因此,他们要通过地方上和村庄里的势力人物来控制农村。但同时,他有足够的力量超越 19 世纪县那样的权限,有更进一步渗入地方社会和村庄的意图和能力[2]。结果正如杜赞奇所讲国家政权向下延伸只实现了下层机构的半官僚化。如县下的区一级,按规定区长是由省政府任命的县以下的行政官员,有固定的收入,即月薪 50 元左右。但区长的薪金不足消费,他从其他途径获得相当薪金收入的数倍。警察和其他区政府职员的薪金更低,月薪约 20—30 元,正因如此,他们一进村更是千方百计的榨取钱财[3]。结果在县以下层级出现了国家掠夺性经纪的疯长,国家依靠这些人和非正式机构收税,但又不能控制他们。从财政角度来讲,国家收入每增加一分,都伴随着非正式机构收入的增加,换句话说,国家政权无能力建立有效的官僚结构从而取代非正式机构的贪污中饱——后者正是国家政权对乡村社会增

① 马克斯·韦伯:《经济与社会》(下),商务印书馆 1997 年版,第 243—245 页。
② 黄宗智:《华北的小农经济与社会变迁》,中华书局 1986 年版,第 298 页。
③ 杜赞奇:《文化、权力与国家——1900—1942 年的华北农村》,江苏人民出版社 1994 年版,第 55—56 页。

加榨取的必然结果①。

这样，国家政权不断扩张和向乡村的持续下渗，就使传统国家间接治理的格局发生根本性改变。近代国家尝试通过一系列机构设置和委任，变乡土地方权威为国家在基层的政权分支，使地方权威成为服务于国家目标的组织机构。这种地方权威的"官僚化"进程，事实上触及了乡村社会结构的基础框架，使乡土地方权威的授权来源发生了平静但却是重要的变化，地方权威"公共身份"的授权来源转移至官府系统②。其结果是，地方权威与地方社会的利益关联日益下降，他们对地方民众的责任弱化了，剥削性增强了，传统乡村社会整合结构逐渐解体。以前传统的乡村领袖，一直是无薪的职位，是自愿性的服务，他们通过"保护型"的角色，沟通国家与社会的关系，维持基层的社会秩序。晚清以来国家政权的进逼和地方权威的"官僚化"进程（尽管只实现了半官僚化），意味着一个冷酷的压榨机器压到村庄头上，迫使原有村庄领袖必须在国家政权与自己领导的村民之间做出选择。在这种情况下，顾及自己在村民中地位的乡村领袖是无法保持其领导地位的，他们大批地从乡村政权中隐退。伴随这一过程出现的地方上的新权威（如区长、村长），从政府和农民双方从事掠夺，成为赢利性经纪。因此，随着作为中介的绅士精英的分化、消亡及隐退（下节详述），原来官、绅、民的社会结构和乡村社会的自治机制受到深刻触动，官民之间丧失了至关重要的缓冲，彻底"摧毁了传统政治体系的安全阀"③。固然，传统皇权及其官僚在某些情况下可能是真独裁的，然而这种制度的理论是建立在道德权威上的。近代以来，政治与道德渐次分离，向乡村下渗的国家权力，既无道德约束，也缺乏西方那种

---

① 杜赞奇：《文化、权力与国家——1900—1942 年的华北农村》，江苏人民出版社 1994 年版，第 67 页。

② 张静：《基层政权》，浙江人民出版社 2000 年版，第 30 页。

③ 费孝通：《中国绅士》，中国社会科学出版社 2006 年版，第 56 页。

大众检查机制,结果就变为一种赤裸裸的横暴统治。人民忍无可忍,只有暴力反抗。

三、绅士的分化蜕变与传统社会解体

如前所述,绅士在传统社会是官民中介,是中国社会的定型力量和组织因素。绅士力量的稳定、兴衰与向背,直接影响着帝制的稳定与传统社会的走向。

19 世纪中期以来,在现代化因素冲击下,尤其是在新学堂取代科举制度的变革中,作为传统社会基础的绅士阶层,发生了剧烈的分化,从根本上动摇了传统社会的根基,瓦解了传统国家上层建筑的基础。传统绅士的分化表现在:除了部分继续钻营仕途外,向工、商、军、学甚至下层社会分流。科举制度废除,原有上升渠道制度性解体,迫使他们不得不另谋生路。当时尚长期乡居的山西举人刘大鹏说:"当此之时,四民失业者多,士为四民之首,现在穷困者十之七八,故凡聪慧子弟悉为商贾,不令读书。古今来读书为人生第一要务,乃视为畏途,人情风俗,不知迁流伊于胡底耳。"①社会的变局,清政府重商政策驱诱,绅士从商一时成为风尚。时局变动客观上也推动了乡绅从军。一边是社会动荡军队地位提升、物质条件优厚,一边是正途壅塞、中式无望。当时,贫民子弟当兵为糊口活命,士绅富家子弟则以选择军官为利禄捷径②。随着新学影响力的增强,绅士也在不断向新学界靠拢。他们通过新学教育,蜕变分流到近代性质的不同职业群体。绅士阶层的分流,未能对传统体制起到培根固本的作用,相反,他们日益成长为各种离异的力量。绅士从商和商人社会地位的跃升从整个社会基础上瓦解了传统社会"士首商末"的等级身份结

---

① 刘大鹏:《退想斋日记》,山西人民出版社 1990 年版,第 131—132 页。
② 张昭军:"科举制度改废与清末十年士人阶层的分流",《史学月刊》2008 年第 1 期。

构。实质是以近代文明内核的"平等"精神所指引,将中国社会改组引入社会平等取代社会等级的历史轨道,最终使包括清朝贵族在内的特权阶层丧失合法性基础。乡绅从军也不是一曲福音,新军吸引了不少乡绅,但新军思想开明、倾向革命。辛亥革命"事实上是由新军发动的,而且大部分新军站在革命者一边"[①]。绅士在新式学堂中更是自觉不自觉地受到近代思想文化的熏陶,所接受的民主、平权观念更是与传统社会格格不入。到 20 世纪初期,绅士阶层的剧烈分化,从根本上动摇了清王朝的统治。在 1851 年太平天国的强烈震撼中,各地绅士曾以办理团练的方式,合力挽救了清王朝。然而,当 1911 年面对武昌起义掀起的革命风暴,分化的绅士们非但不能汇聚在清王朝的龙旗下,反而投身到革命浪潮中,共同把清王朝送入死亡的谷底。

时局的变动,科举制的废除,还造成乡村绅士向城市大规模的单向迁移。这是引发传统社会解组的结构性因素。费孝通先生曾指出:"在我们传统的乡土文化中,人才是分散在地方上的","原来在乡间的,并不因为被科举选择出来之后就脱离本乡"[②]。随着城市近代工业、文化教育事业的兴起,乡村绅士向城市的流动逐渐加剧。科举制度废除后,绅士阶层被迫进入新式学堂,接受适应工业社会发展需求的新学教育。他们知识结构更新后,只能在近代化水平较高的城市,才能寻找到适合自身专业特点的社会位置。这样,有才之士从乡村不断流出,费孝通先生所称的中国乡村的"社会腐蚀"[③]因现代化过程不断加剧。彭湃在 1926 年说:"二十年前,乡中有许多贡爷、秀才、读书穿鞋斯文的人。现在不但没有人读

---

①　费正清、刘广京:《剑桥中国晚清史》(下卷),中国社会科学出版社 1993 年版,第449 页。

②　《费孝通文集》第四卷,群言出版社 1999 年版,第 357 页。

③　费孝通:《中国绅士》,中国社会科学出版社 2006 年版,第 95 页。

书，连穿鞋的人都绝迹了。"①杨开道大约同时也观察到，一方面是农村最缺"领袖人才"，而乡村读书人向城市浮动已成"普通潮流"："一般有知识的人，能作领袖的人，都厌恶农村生活，都放弃农村生活到城市里去。农村社会费了金钱来教育他们的优秀分子，本想他们来做农村社会的领袖，来做农村社会的改造者；但是他们放弃了他们的责任跑了，剩下一班没有知识的农民，教他们怎么样能改善他们的生活？"②"社会腐蚀"卷走了"上层的养分"，乡村大地日益荒芜。

绅士阶层的外流与分化引起了乡村政权的蜕化。在传统社会，作为社会中介力量的绅士阶层，在官、绅、民三层结构中，借助于科举制和等级制，成为社会流动的定向所在。绅士阶层不仅源源不断地为帝国的官吏队伍提供后备力量，而且也持续不绝地吸纳平民阶层成员补充进来。绅士阶层稳定的继替常规，保证着基层社区领导权有赖于绅士阶层。科举制度消亡后，绅士分子向城市的流动和新式知识分子在城市的滞留，使得一向把持乡村政权的绅士阶层失去了最基本的力量补充，由此造成了乡村士绅质量的蜕化，豪强、恶霸、痞子一类边缘人物开始占据底层权力的中心③。毛泽东1930年在江西兴国县永丰区看到，当地管理公田的"公堂"，"多数把持在劣绅手里"。他们"不是富农也不是地主"，而"大半家里有些田，但不够食"。因其田产"不够食，所以要把持公堂，从中剥削"④。1935年河南濮阳某村的一份调查报告说，1920年以前，"村政完全掌握于旧式知识分子、家族长及一小部分地主的手中"。"现在的村长佐、里排长，百分之八十以上都是花生行、枣行、盐行的东家、小股东及经纪人"。在该

① 彭湃："海丰农民运动报告"，《中国农民》1926年第1期。
② 罗志田："科举制废除在乡村中的社会后果"，《中国社会科学》2006年第1期。
③ 许纪霖："近代中国变迁中的社会群体"，《社会科学研究》1992年第3期。
④ 《毛泽东农村调查文集》，人民出版社1982年版，第202页。

村的权势转移中,新兴掌权者受教育成分已明显降低①。山西举人刘大鹏也看到:"民国之绅士多系钻营奔竞之绅士,非是劣衿、土棍,即为败商、村蠹。"②20 世纪二三十年代,由于国家与军阀对乡村的勒索加剧,先前那种保护人型的村庄领袖纷纷引退,村政权较为普遍地落入另一类型的人物之手。村公职不再是炫耀领导才华和赢得公众尊敬的场所,相反,被视为同衙役胥吏、包税人、赢利型经纪一样,充任公职是为了追求实利③。民国以后,中国农村社会矛盾十分尖锐,社会关系急剧恶化,社会骚动变乱迭起,一个重要的直接原因,就是乡村政权力量的蜕化。

可以说,传统社会的稳定与秩序维护有赖于国家、绅士和小农在结构上的均衡。当然,三方均衡互动、长期稳定,有其必不可少的外在条件。其一,生产力和生产关系长期稳定。自秦汉至清末的两千余年,社会生产力发展十分缓慢,始终没有摆脱低水平循环的陷阱。其二,以礼治为核心的中国文化形态长期稳定,共同的价值观念链条把各社会阶层黏合在一起。

然而,近代以来,在外来现代化因素的冲击下,国家、绅士和小农均衡互动的结构格局难以维持下去了。正如费孝通所言,传统中国的社会结构从其延续的稳定性来看,似乎达到了一定的平衡。当中国开始和有着工业优势的西方打交道时,这种平衡被打破了。机器时代给中国人带来了现代化,同时,中国被迫进入世界社区。这使中国社会结构发生了变化④。现代工业给予西方一种从未有过的压倒农业文明的力量。在西方的冲击下,中国要维持生存,不可避免地要发生由农耕文明向工业文明的转型。国家必然要肩负起现代化之

---

① 罗志田:"科举制废除在乡村中的社会后果",《中国社会科学》2006 年第 1 期。

② 刘大鹏:《退想斋日记》,山西人民出版社 1990 年版,第 336 页。

③ 杜赞奇:《文化、权力与国家——1900—1942 年的华北农村》,江苏人民出版社 1994 年版,第 149 页。

④ 费孝通:《中国绅士》,中国社会科学出版社 2006 年版,第 124 页。

责,加强国家政权建设,权力不断向乡村基层下渗。现代化也必定引起最为敏感和唯一的知识阶层绅士集团的率先分化。西方现代工业还导致中国乡村传统手工业衰弱,瓦解小农经济的基础,导致乡村社会持续动荡。这样,传统乡村的既有社会力量格局发生基本变化,从而引发社会改组。

现代化过程还加剧了城乡文化疏离,使传统乡村社区丧失凝聚力。中国传统文化本是乡土性的,中国所有文化多半是从乡村而来的,又为乡村而设,法制、礼俗、工商业莫不如是,城市和乡村的建筑物及日常生活其他方面差别极小[①]。城乡文化一体,人才始终不脱离草根,财富也在城乡间有机循环,并不大规模外流。然而,早期现代化主要是一种工业和城市现象,接受现代文化的新精英倾向于城居,越来越难与农村利害一致。以"修齐治平"为主旨的儒家价值观衰微,而追求实利和机会主义价值观在新精英中广泛生长,他们与农村日益隔膜。同时,社会财富在城乡间的有机循环被打破,变为城市对乡村的单向剥削,"现代中国城市的兴起是和中国农村经济的衰落相平行的"[②]。因此,伴随城乡文化同质性的破坏,以及乡村社会精英和社会财富向城市的单向迁移不断加剧,中国农村日益凋敝,传统村社涣散解体。

到20世纪上半叶,中国传统社会结构严重失衡,组织机制破坏,逐步陷入总体性危机中。费孝通先生指出:"在社会腐蚀潮流的冲击下,逼得农民起来造反,生活、经济、政治和道德的种种问题摆在中国面前,贪污腐败的国民党政府无能为力,必然成为革命的对象","中国需要新的领导与改革"[③]。在这种情况下,应运而生的中国共产党肩负起了历史使命,领导人民经过长期的革命斗争,最终取得了全国政权,并以组织农民为突破口对传统社会结构进行了彻底改造。

---

① 《梁漱溟全集》(第二卷),山东人民出版1991年版,第150页。
② 费孝通:《中国绅士》,中国社会科学出版社2006年版,第73页。
③ 同上书,第8页。

四、转型艰难与支撑中国社会
转型的轴心力量的出现

自从鸦片战争败北、西学东渐以来,中国就开始了艰难的社会转型。此后,中国之社会,既经历了改良,也经历了大革命,但中国的社会转型始终不顺畅。

近代中国的社会转型,是全面的、整体性的社会大转型,包括经济体制、社会结构、政治模式、行为规范等。由于传统的帝国政治、小农经济、儒家文化与士绅社会,是四位一体上下贯通的有机组合,因而转起型来非常困难。

中国社会历史悠久、传统根深蒂固,转起型来难度之大,完全可以想象。黄仁宇先生指出,近代中国所面临的最大一个问题乃是传统社会不容产生现代型的经济体制。中国社会转型的大趋势,是以商业组织代替过去农业组织之体系,逐渐进入以数目字管理,以货币作管制全民的工具[1]。在西欧与日本,商业上的条理治国可以从组织的中层发动,商人可作有效的贡献,中国则需要将商业条理与组织加于成百上千的官僚或以亿万计的农民头上。而社会的习惯又一向不注重民法,内中私人财产权有了君子不言利的习惯,又用自我抑制、对人谦让的教条阻塞正当的争辩,结果只有使真伪难分,上下颠倒。有了这些复杂的因素,来日革命要将这一切清算,必定会旷日持久,也会悲痛惨切。有一个可怕的情形需要预先提出:有朝一日中国被迫改造,革命程序定要推翻1 000年来所作所为[2]。从重农社会到重商社会,是中国社会脱胎换骨的转变。

中国传统的帝国政治,也不适应近代潮流,必须予以根本性地推

---

① 黄仁宇:《中国大历史》,三联书店1997年版,第5—6页。
② 同上书,第235—236页。

翻。近代中国在西方列强的入侵面前,屡战屡败,说明原来赖以立国的帝国制度受到了根本挑战。易中天先生指出,不讲民权,是帝国制度之根本,也是帝国制度之通则①。救亡之路唯在改制,即变君主专制为民主宪政。然而,过去的一切制度、传统,均与民权格格不入。传统的管制办法着重男人优于女人、年长的优于年幼的、读书明理的优于目不识丁的,这和全民投票的原则以及每一个人都有同等经济之机会不仅不相衔接,而且大相径庭。况且数以千计的贞节牌坊、歌颂大人物丰功伟烈之神道碑,以及祠堂里的神位和乡祠里的偶像,代表着中国的大传统与小传统,过去统统有利行政之辅助工具,至今无一可资改造利用以增进民权,或者转变为多元社会之桥梁②。当然,任何变革都只能在历史传统和现存条件下进行。脱离传统和现实的移植,势必水土不服,难以成活,清末民初一些努力(如直接引进西方的议会内阁制)便是如此。可以说,正是这一民权传统的阙如,以及中西两种制度、文化、传统的格格不入,不但使维新变法胎死腹中,而且使共和的历程一波三折,一误再误③。旧传统如此之深厚,在中国推进新事业确实殊非易事,诚如朱学勤先生所言:“中国是一个磨炼人类耐性的最好地方。”④

人的行为方式的改造则更为艰难。中国人长久生活在村落社会里(现在中国人的大部分还是如此),传统的家族制组织机制与人伦关系的差序格局,对中国人的行为模式有着不可估量的深远影响。人伦关系有远近亲疏,人们就按远近亲疏原则看人头来处事,这就严重排斥对所有社会成员一视同仁的公共组织和公共观念的产生。公共组织的根本原则是平等,是不分等差地对待每一个人。正因为平等,现代公共组织才有其合法性和代表能力。从这里可看出,传统社

---

① 易中天:《帝国的终结》,复旦大学出版社 2007 年版,第 265 页。
② 黄仁宇:《中国大历史》,三联书店 1997 年版,第 270 页。
③ 易中天:《帝国的终结》,复旦大学出版社 2007 年版,第 268 页。
④ 朱学勤:《书斋里的革命》,云南人民出版社 2006 年版,第 451 页。

会之组织与现代公共组织之差别,简直形如冰炭。梁漱溟先生明确指出,中国社会结构的家族制特点,造成"中国人缺乏集团生活"。他说,"在大团体中——办公机关,应付众人,处理百事,只有订出律条而拘守之,无论什么人来一律看待。然后乃少费话,免纠纷,公事进行得快,而秩序以立,群情以安"。"然而在家庭亲族间就不然了。一家之中,老少,尊卑,男女,壮弱,其个别情形彰彰在目,既无应付众人之烦,正可就事论事,随其所宜。"然而,在家庭亲族间浸染日久,既有的亲疏远近的行事原则自然会外推到更大的群体中去,因而,就会发生"西洋人之执法与中国人之徇情"的重大区别。梁先生说,"中国人的生活,既一向倚重于家庭亲族间,到最近才方始转趋于超家庭的大集团;'因亲及亲,因友及友'其路仍熟,所以遇事总喜托人情。你若说'公事公办',他便说你'打官话'。法治不立,各图侥幸,秩序紊乱,群情不安。当然就痛感到民族品性上一大缺点,而深为时论所诟病了。"[1]这种行为方式,对中国今天的社会生活仍有重大影响。曹锦清先生指出,亲疏内外之分,这是中国人行为的一般特点。中国人办事,不是翻规章,找法律,而是找关系,托熟人,找不到关系,便打通关节,用请客送礼来铺设关系[2]。普遍化的规章制度与我们习惯的人情交往方式发生冲突。带有私人与情感色彩的人情关系,要求我们根据亲疏远近的原则对不同人采取不同对待方式,而一切规章制度总是按"普遍平等和提高办事效率"的原则制定的。然而,我们民族千百年来在村落文化中形成的习惯行为和合作方式,使进入超家庭、超村落组织的人,总把人置于亲疏远近的关系网络中,然后与之发生不同的行为关系。这是我们各种组织内部人事关系复杂且摩擦甚多的一个根本原因[3]。这样,办理公共事务不可或缺的公共观念,也恰为我们文化中所最缺。梁漱溟先生指出,团体生活方面的长处,"可以

---

[1]　梁漱溟:《中国文化要义》,学林出版社1987年版,第64—65页。
[2]　曹锦清:《黄河边的中国》,上海文艺出版社2000年版,第487页。
[3]　同上书,第11页。

约举为四点：第一，公共观念；第二，纪律习惯；第三，组织能力；第四，法治精神。这四点亦可总括以'公德'一词称之。公德，就是人类为营团体生活所必需的那些品德。这恰为中国人所缺乏，往昔不大觉得，自与西洋人遭遇，乃深切感觉到。"①人伦差序格局的持久影响和"公德"之缺乏，决定了以平等为基础的现代公共组织和公共观念的产生极为困难。

可以说，传统中国的帝国政治、小农经济、儒家文化与士绅社会四位一体，是用统一的人伦差别机制（尊卑有别、上下有序）组织起来的，与现代社会与现代组织的平等原则形如冰炭。整体难以转型，个别转起型来也有困难。现代化对中国是外来的，不是内源自发型的。不像西方，其传统社会中的领主制和基督教与现代社会原则是相通的。领主与租地农（包括上下领主间）间是一权利义务关系（在西方，有"领主的领主不是我的领主"的说法），基督教在其教义和宗教生活中也倡言平等。现代化内源并率先萌生于西方，西方社会的现代转型也较为顺畅。西方国家如英国及中国的近邻日本，之所以转型较为顺利，还有一个重要原因，即有支撑社会转型的轴心力量——贵族。而中国近代则缺乏支撑社会转型的轴心力量，中国的贵族在秦统一天下时即已解体。中国的近代史也表明，士大夫不能支撑中国社会转型。蒋廷黻先生指出，传统文化是中国士大夫阶层的生命线，传统文化动摇就是士大夫饭碗的动摇。因此，只要新政一推行，科举出身的先生们就有失业的危险，难怪他们要反对②。然而，不接受近代的科学、民主等先进文化，中国就不能自立，国家的复兴也没有希望。因此，传统士大夫阶层不能成为中国社会近代转型的支撑力量。另外，清朝皇室作为旧制度和旧结构的既得利益者，更不可能成为中国社会转型的支撑力量。

---

① 梁漱溟：《中国文化要义》，学林出版社 1987 年版，第 64 页。

② 蒋廷黻：《中国近代史》，团结出版社 2006 年版，第 23—24 页。

由于农民始终是中国社会的主体与基础力量,中国社会的大转型却需要有效组织农民。在传统中国,帝国政治、小农经济、儒家文化与士绅社会四者中,最具韧性与适应性的则是小农(其他三者都过于僵硬,几乎转不了型,有些已被历史实践所证实,如帝国政治在晚清转不了型,不像英国能搞君主立宪,故终被推翻),农民是推动中国历史前进的基础性力量。然而,中国的小农却有自由散漫的巨大弱点,其只有组织起来,才能由社会自发力量,变为颠覆旧社会和推动中国转型发展的主体性力量。然而,中国农民要组织起来就需要借助一定的媒介,这就是现代政党。中国千古未有的社会大转型,呼唤着作为社会轴心领导力量的现代政党的产生。

伟大的民主先行者孙中山先生革命屡败屡战的经验,就是在为中国社会轴心领导力量的产生做注释。两千多年来,中国社会一直有一轴心领导力量,就是士人阶层。士人阶层的高稳定和常规延续保证了中国社会的长期稳定。近代以来,士人阶层的蜕变和瓦解,则使传统中国陷入旷古未有的整体性危机中,中国社会不得不进行艰难的社会大转型。钱穆先生20世纪四五十年代就指出,一百年来,中国社会一直在变动,而且愈变愈剧,还未见有转向停止安定的迹象。说到政治,远从洪、杨直到辛亥,地方封疆势力抬头,清朝中央政权由低弱而崩溃,造成军阀割据。更重要的是,晚清末年取消自唐以来绵历一千年的科举制度,而西方民主自由的地方选举,急切间未能学得,于是政治失却重心,实际上握有军权即握有了政权。最近时期的中国社会演变,是要有一个能领导社会前进的中心势力的建立。不幸这一个中心势力迟迟未能出现,于是社会无一重心。目前的中国问题,还是要在中国社会本身内部,找寻一个担当得起中心指导的力量。贵族封建势力,早已崩溃。工商私人资本之企业组织,也并未成熟。广大的穷苦民众,说不上是无产阶级,在知识技能上,在组织秩序上,绝未经有严格的训练①。可

---

① 钱穆:《国史新论》,三联书店2001年版,第33—37页。

见,近代中国之所以陷入混乱和转型艰难,是因为在传统社会的轴心力量瓦解以后,中国缺乏社会转型的支撑力量。

在士绅力量瓦解后的低组织化的中国,孙中山先生在革命过程中,开始探索走"以党建国"与"以党治国"推动中国社会转型的道路。陈明明先生认为,"党治国家"是 20 世纪不发达国家共产主义革命的产物。它发源和成形于苏俄,后来扩散到其他地区,但作为一个特定的概念,其发明权可能要归功于同属共产主义运动谱系的中国国民党及其创立者孙中山。民国时期的政治学者陈之迈就认为尽管国民党改组拜列宁主义所赐,但党治的原则是孙中山"始创"的,因为时间上,孙中山的以党建国、以党治国理论成形于 1914 年,而共产党俄国的革命则爆发于 1917 年[①]。但第一次真正将党治主张投入实践并取得成功经验的,则为列宁及其布尔什维克。因此,1924 年国民党"以俄为师"实行改组,欲将国民党建成为列宁主义政党。孙中山多次表示"欲以党建国,应效法俄人","先由党造出一个国来",而后"完全以党治(实行之)"。[②] 孙中山的党治含义主要是以党义(三民主义)治国,他说:"以党治国,并不是用本党党员治国,是用本党的主义治国。"[③]孙中山之后,国民党的"以党治国"发展为一党专政,进而成为个人独裁的领袖专政的排斥性体制[④]。另外,国民党始终还是一个软弱的政党,尤其是与亿万农民气脉不通,不能深入底层社会进行动员。正如孔飞力所言,国民党和南京政府在许多方面是现代化城市文化的产物,其与广大乡村是对立的[⑤]。因此,国民党就像一个寄生性的外壳,漂浮在社会的表面。著名政治学家亨廷顿曾指出,落后国

---

① 　陈明明:"党治国家的理由、形态与限度",载《共和国制度成长的政治基础》(《复旦政治学评论》第七辑),上海人民出版社 2009 年版,第 192 页。

② 　《孙中山全集》第八卷,中华书局 1986 年版,第 268 页。

③ 　《孙中山选集》,人民出版社 1981 年版,第 525 页。

④ 　陈明明:"党治国家的理由、形态与限度",载《共和国制度成长的政治基础》(《复旦政治学评论》第七辑),上海人民出版社 2009 年版,第 194 页。

⑤ 　孔飞力:《中华帝国晚期的叛乱其敌人》,中国社会科学出版社 1990 年版,第 238 页。

家的转型与现代化需要强大政党。然而，软弱涣散的国民党却难以负起重任。

20世纪初中国面临的全面危机，要求中国先期建立一个强大政党，用她的政治力量、组织方法，深入动员每一阶层、每一领域，才能改造或重建社会国家和各领域的组织制度，才能克服全面危机。因此，作为中国社会领导力量的强大现代政党的出现，是支撑中国社会转型和现代化的关键所在。正是在这个意义上，我们说历史选择了中国共产党。中国共产党正是适应了中国需要组织起来，需要发动一场"组织革命"①的时代要求，从而肩负起了推动中国社会转型与现代化的艰巨使命。从士人领导到党的领导，是推动中国社会整体大转型的内在逻辑要求使然。

①　陈明明："党治国家的理由、形态与限度"，载《共和国制度成长的政治基础》(《复旦政治学评论》第七辑)，上海人民出版社2009年版，第217页。

第六章
从天下国家到民族国家

罗贯中在《三国演义》开篇第一句就讲："话说天下大势，分久必合，合久必分。""天下国家"谓之合，从"天下国家"到"民族国家"谓之分。"民族国家"时至今日，已存在了数百年，利弊皆尽显。今天，世界是否已出现由分到合的新趋势呢？今日之"欧盟"，是否是传统"天下国家"另类机制（从差序机制到平等机制）的新组合？传统中国的"天下"观念，是否内含着世界发展的某种逻辑？

一、西方冲击：传统中国
"天下国家"观念瓦解

如前所述，传统中国是一独特的国家形态，为天下国家。传统中国人认为，华夏文明程度高，居中心，其他族类文明程度低，居外围边缘。也就是说，"天下国家"这种国家形态，存在中国作为天下中心、优于四夷的基本预设。按此观念，传统中国与周围外邦就有独特的交往之道，是谓朝贡制度。传统中国"天下国家"观念的瓦解，也是从朝贡制度受到挑战开始的。

传统中国的对外交往之道，是儒家处理人与人关系的差序格局的延伸。费正清先生指出，朝贡制度是儒家主张用于对外事务的一种办法,根据他们的主张,中国君王行使政治权力是有伦理依据的。正如仁君能以德感召中国人民一样,他也必然会吸引化外的夷狄到中国的朝廷上来。既然皇帝受命于天、统驭万民,他应该对一切"远方来人"表示仁慈的胸怀。而皇上的慈恩就理应由外来者的俯首恭顺来予以报答。一旦外国人承认了天子独一无二的地位,仁慈皇恩和俯首恭顺之间的相互关系就必然要在礼仪的形式上表现出来,分别表现为正式的赏赐和献礼。于是献礼朝贡就为中国朝廷的一项礼节。它象征着接受夷狄来沐受中华文化。当古中华帝国的影响在几百年的过程中扩散到东亚其余各地时,朝贡关系的礼节就发展成为一种手续,借此让帝国以外的番邦在泽被四海的以华夏为中心的天下,取得一定的地位①。中国人往往认为,对外关系是表现为中国国内的社会和政治制度诸原则的扩大②。传统中国的"天下"观念,是差序格局社会结构在世界的投影,可谓之差序图式。

　　人与人之间在伦理关系上是有等差的,远古中国就把"远方来人"纳入"五服"的框架结构中。按"五服"图式,自从夏朝开始,中国划分为五个同心的和分层次的环状地带或区域。以中国为中心的关于世界秩序的"五服"理论的外化,即为贡纳制度(贡纳专对外人即朝贡制度)。贡纳关系在中国汉代开始制度化,余英时先生指出,"有些原型的贡纳常规甚至可以追溯到商代。但是,这些常规的制度化以及它们在对外关系领域中的应用,无疑是汉代的独特贡献"。关于其原因,也很清楚,"汉帝国面临的对外关系问题和前帝国时期中国面临的问题基本上有本质的不同。新的关系需要新的制度来表现"③。事实上,传统中国的国家管理制度及贡纳秩序与五服系统是相表里

---

① 费正清:《美国与中国》,世界知识出版社 1999 年版,第 147 页。
② 郝延平、王尔敏:《中国人对西方关系看法的变化,1840—1945 年》,《剑桥中国晚清史》下卷,中国社会科学出版社 1985 年版,第 172 页。
③ 余英时:《汉朝的对外关系》,《剑桥中国秦汉史》,中国社会科学出版社 1992 年版,第 410—411 页。

的。但不能因此把贡纳制度,狭隘地理解为仅是调节中国对外关系的一种标准模式。其实,"贡"是古代中国的一项广泛性的政策,并不是专门针对外人的。《国语》中就有记载"公食贡,大夫食邑,士食田,庶人食力"①,大约是讲大夫向诸侯的进献就叫"贡"。"贡"在汉帝国也是一项普遍施行的政策,同样适用于中国人本身。例如,各个地区的地方产物都要作为贡品献给朝廷。在理论上,有理由这样说,中国人与非中国人之间在贡纳体系下的不同是一种程度的问题。但也必须强调指出,汉代贡纳制度在对外关系领域中从来没有达到像它在内部同样稳定的程度②。贡纳制度从规范意义上讲,实是人伦差序格局在地域上的投影,也是文化先进程度的等差结构(先进的华夏文化由中心到边缘辐射)。从甸服、侯服、宾服、要服到荒服,与天子所在的王畿在空间距离上是越来越远;另外,它们依次在血缘亲疏关系上,实也与天子越来越远。《礼记·礼运》中说:"天子有田以处其子孙,诸侯有国以处其子孙,大夫有邑以处其子孙,是谓制度。"天子与诸侯,诸侯与大夫,大夫与士之间一般都存在血缘关系即亲戚关系。由此可推知,古代中国在早期形成"五服"的天下图式时,很可能借助分封等建构机制③,将血缘与地缘有机结合在一起。这就导致中国人关系上有层次,但不排外,中国也从无坚强的民族观念,黄仁宇先生指出,中国人自己提倡一种神话,认为亚洲所有的民族都是黄帝的子孙④。因而,与天下图式相对照,古代中国很早就有"天下一家","四海之内皆兄弟"等传统观念。

朝贡制度从汉朝开始不断发展完善,此后长达两千多年,成为传

① 《国语·晋语四》。

② 余英时:《汉朝的对外关系》,《剑桥中国秦汉史》,中国社会科学出版社 1992 年版,第 411—412 页。

③ 钱穆先生就认为,周代封建实是能不断动进的一种建国规模,是由一个中心向外扩展,由上层的政治势力控制各地的社会形态。参见钱穆:《国史新论》,三联书店 2001 年版,第 3 页。

④ 黄仁宇:《中国大历史》,三联书店 1997 年版,第 135—136 页。

统中国人处理对外关系的基本形态。朝贡外邦的范围与数量多少，则与中国王朝的强弱相关。明史编者列举了120多个朝贡国家，把久已灭亡的东罗马、许多虚构的小国和边陲部族都包括在内。清代设专署统辖诸部族，把真正朝贡的国家名单减到十来个。因清帝国主要谋求对外关系的稳定，它只同邻近各国或那些派人前来中国的国家打交道①。外邦来京觐见，献礼朝贡，都有相应的礼节规定。按清代汇编的律例，外国来朝廷进贡的君主，应该接受皇帝承认他的藩属地位的册封。他还应当接受显贵的头衔和用于签署奏章的钦赐玉玺，奏章上注明的日期应奉中国正朔。当其所遣贡使，来华时其人数不得超过百人，其中20人可循帝国驿道进京。贡使在京住下后，受到妥善的保护和接待。最后他们觐见皇帝，觐见时要行"三跪九叩"之礼。费正清先生指出，这"三跪九叩"使任何人的心中、特别是行礼者本人的心中无法再怀疑谁尊谁卑的问题。有平等主义思想的西方人通常都不能理解，叩头人的这种卑躬屈节在身份社会的礼节生活中竟成为正常的现象②。朝贡关系固然有其不平等的一面，然而，在传统中国的礼俗社会则纯属自然。朝贡关系，从中国方面看，主要在于宣示国威、显示皇帝的仁慈及传播中华文明，至于物品流通作用皇帝并不看重，因为皇帝认为天朝地大物博无所不有；从外邦方面看，则主要在于维持通商贸易和友好关系，并获得实惠，而且朝贡礼节与来朝的东亚诸国在文化上并不存在任何冲突（它们自古以来都深受中国文化的熏染，属儒教文化圈）。况且，在中国与外人关系交往的漫长历史中，和平主义一直都占上风，因为不注重肉体强制的思想已经深深地扎根在儒家的传统之中③。孔子说："柔远人，则四方归

---

① 费正清：《美国与中国》，世界知识出版社1999年版，第148页。
② 同上书，第147—148页。
③ 郝延平、王尔敏：《中国人对西方关系看法的变化，1840—1945年》，《剑桥中国晚清史》下卷，中国社会科学出版社1985年版，第173页。

之。"①孟子则进一步宣称:"故善战者,服上刑。"②这就形成传统中国"怀柔远人"的和平对外政策的基本依据。作为礼仪之邦的中国,在对外交往中一向注重以理服人。由于这些原因,朝贡制度至少在东亚很有市场。因此,朝贡体系的打破,还需具有另类文化传统(基督教倡言平等)的强大的西洋人之力。

其实,西洋人与中国接触甚早,耶稣会士利玛窦明末即任职于北京朝廷。当时,洋人并不是不想突破中国的朝贡体系与天下中心观念,而实是力所不能也。此必待西洋在技术上取得突破(工业革命),其文明优势尽显之后。

从 1514 年起,葡萄牙人即到中国南部沿海从事贸易与传教。1637 年英国在广州打开了对华贸易,然而直至 19 世纪,英国的对华贸易还未能扩展到广州之外③。西洋人在中国内地甚至京师的居留取得突破,起自耶稣会。耶稣会的创始人之一方济格·沙勿先于 1549 年进入日本,其后进入中国,于 1552 年卒于中国沿海。在他之后 200 年间,约有 463 名精选干练的传教士继续想在中国传播基督教,他们的虔诚专注和坚忍不拔的精神是很少有人超过的④。朱维铮先生指出,利玛窦不是第一位进入中国的欧洲耶稣会的传教士,却是第一批入华耶稣会士中间最具历史影响的杰出人物。从 1582 年 8 月初抵澳门,到 1610 年 5 月病逝北京,利玛窦的足迹,由南海之滨而越五岭、驻江右、下江南、过山东,而入明京、叩帝阍,所谓自边缘至中心,在大明帝国活动了二十七年九个月;先后创建过耶稣会住院四所,受洗的中国基督徒逾两千名,结交的帝国士绅显贵达数百人⑤。利玛窦之所以成功,在于他精通中国文化,并在传教的过程中善于根

---

① 《中庸》。

② 《孟子·离娄上》。

③ 费正清:《美国与中国》,世界知识出版社 1999 年版,第 136、140 页。

④ 同上书,第 140—141 页。

⑤ 朱维铮:《走出中世纪》,复旦大学出版社 2007 年版,第 63 页。

据中国国情变通处理。费正清先生指出,利玛窦立即看出怎样才能侧身士大夫俊杰的行列。他脱下原来的佛教僧服,换上士人的长袍。他不去教堂传道,专同三五成群的优秀士人交谈。他接受了汉代儒家早期的经典著作,为宣传基督教义而引述孔孟学说。他允许人们对祖先和皇帝敬礼叩头,认为这是合乎基督信条的俗礼。所有这种在文化上的迁就,加上他那仪表堂堂的仪态、他对汉语的精通以及所显示出来的西方技术——时钟、棱镜、世界地图、欧几里得几何——使他博得别人的好感①。利玛窦还善于捕捉机会,1598 年利玛窦赴北京"进贡",适逢明廷对抗日本丰臣秀吉侵略朝鲜(怀疑一切外人),结果功败垂成,只好南归,却借机打进了南京的士大夫社会。朱维铮先生指出,这一步被以后事态发展证明是关键性的。他在南京两年五个月,出入官府,广交权贵,熟读儒书,舌战佛僧,重刊舆图,讲授西学,深结耆学,名扬士林,都属日后留居京师的必要铺垫。如果没有在南都建立的人际关系,如果没有在官场周旋的应对经验,如果没有在学界树起的西儒形象,如果没有在士林结识的名流揄扬,如果没有对他在南京官绅社会初获成功而惊喜不已的澳门葡商倍力支援,那么利玛窦要在北京立足,必定困难得多②。最后,利玛窦在北京获得皇家俸禄,死后由皇帝赐地安葬。利玛窦的后继者在明末清初的中国继续做官,主持钦天监,修皇历。事实上,这些人是来自西方的第一批技术专家,被清朝统治者作为有用的朝臣留下。耶稣会教士在北京活动了 100 多年,把中国的情况介绍给欧洲,把欧洲的情况介绍给中国,但最后因祭礼之争而遭败落。乾隆禁止了基督教,教皇压制了耶稣会③。这样,从 1514 年葡萄牙人东来,到 1840 年鸦片战争止,计有 300 多年。此 300 多年间,大清帝国是西洋人十分强大的对手,西人之力尚不足以突破帝国为其设定的贸易框架和对外交往的朝贡格局。

① 费正清:《美国与中国》,世界知识出版社 1999 年版,第 141 页。
② 朱维铮:《走出中世纪》,复旦大学出版社 2007 年版,第 66—67 页。
③ 费正清:《美国与中国》,世界知识出版社 1999 年版,第 142 页。

　　然而,1764 年英国纺织工人哈格里夫斯发明了珍妮纺纱机,揭开了西方 18 世纪产业革命的序幕。在其后不到一百年的时间里,西方文明的巨大优势突然焕发出来。用马克思、恩格斯的话来讲,"资产阶级在它的不到一百年的阶级统治中所创造的生产力,比过去一切世代创造的全部生产力还要多,还要大"①。与此同时,中国却止步不前。马克思、恩格斯针对当时的中国指出:"一个人口几乎占人类三分之一的大帝国,不顾时势,安于现状,人为地隔绝于世界并因此竭力以天朝尽善尽美的幻想自欺。这样一个帝国注定要在一场殊死的决斗中被打垮;在这场决斗中,陈腐世界的代表是激于道义,而最现代的社会的代表却是为了获得贱买贵卖的特权——这真是任何诗人想也不敢想的一种奇异的对联式悲歌。"②到 1840 年,从中国南部海上来的西洋人已是脱胎换骨,他们携船坚炮利之势,所向披靡。最早接触近代西人的林则徐,初见其炮舰就甚感震惊,并渐觉悟。他在致友人的信中说:"彼之大炮远及十里之外,若我炮不能及彼,彼炮先已及我,是器不良也。彼之放炮如内地之放排枪,连声不断。我放一炮后,须辗转移时,再放一炮,是技不熟也。……徐尝谓剿匪八字要言,器良技熟,胆壮心齐是已。第一要大炮得用,今此一物置之不讲,真令岳、韩束手,奈何奈何!"③其后,初见洋舰的胡林翼也大为震惊,他说:"弛至江滨,忽见二洋船,鼓轮西上,迅如奔马,疾如飘风。文忠(即胡)变色不语,勒马回营,中途呕血,几至坠马。"④

　　因此,当中国的传统秩序与新起之西人再度相遇时,已是不堪一击。原来中国对外夷不平等的朝贡体系,在外人的炮舰强制下,矫枉过正变为西方对中国不平等的条约体系。中国的天下中心观念也就彻底发生了动摇与改变。郝延平、王尔敏指出,19 世纪下半期,中国

---

　　①　《马克思恩格斯选集》第一卷,人民出版社 1995 年版,第 277 页。
　　②　同上书,第 716 页。
　　③　蒋廷黻:《中国近代史》,团结出版社 2006 年版,第 25 页。
　　④　同上书,第 62 页。

中心主义在文人绅士的心目中逐渐失去了影响。其最初的迹象是大多数有心改革的绅士们不再把外国人比作禽兽。19世纪40年代与50年代，包括林则徐和龚自珍等著名的改革派士大夫，在书写西方国家的名称时，一般是加上兽字的偏旁（通常是犬字旁），但是在70年代以后这种写法就显著减少了。中国中心主义日益减弱的另一迹象是，随着时间的推移，"夷"字越到后来就用得越少（与英国续订的天津条约禁止在官方文件中使用此字）。魏源在19世纪50年代就写道，西方人讲礼貌，正直，有知识，根本不应该称之为"夷"。其后，一些开明的人士，如丁日昌把西方称为"外国"，恭亲王和薛福成则称之为"西洋"。他们认识到，西方人在道德上既非禽兽，在文化上又不是夷狄，因此就能与中国人平等相处。从19世纪60年代到90年代，越来越多的先进中国人认识到，中国已不是中心王国，而是平等诸国之中的一个国家①。何况中国与西方列强屡战屡败，更是动摇了统治者"天朝大国"的信心。现实是，中国已不再是天下中心，中国被迫进入了遭受屈辱的"新多国时代"。

二、建设强大民族国家成为近代
中国的一项根本诉求

从朝贡体系到条约体系，对传统中国人的"天下"观念是颠覆性的。中国被迫开始由"天下国家"向"民族国家"转型。

条约体系从1842年到1943年，长达一个世纪，是西方列强强加到中国人头上的。费正清先生指出，条约体系违背中国的意愿，中国被迫处于较弱的地位，只能听任西方的商业和随之而来的文化入侵②。条约体系包括四个方面的内容：首先，它以通商口岸为基础，

---

① 郝延平、王尔敏：《中国人对西方关系看法的变化，1840—1945年》，《剑桥中国晚清史》下卷，中国社会科学出版社1985年版，第221—223页。

② 费正清：《美国与中国》，世界知识出版社1999年版，第153页。

最初是 5 个，最后达 80 多个。其次，是外国人在中国享有不受中国法律管束的治外法权，这便成为开放中国的有力工具，因为它使外商和传教士、他们的货物和财产，以及在某种程度上的他们的中国雇员、信徒乃至门下帮闲，都可以免受中国当局的干涉。再次，是条约税则，它定的税率很低，从而使中国人不能保护本国的工业。最后，是最惠国待遇，一个外国在中国勒索到的权利，其他列强一体均沾①。不平等条约和中国被欺凌的地位，逐步唤起了中国人的民族意识，中国开始向现代民族国家方向发展。传统中国人有家族意识，有天下意识，唯独缺乏民族意识、国家意识。用梁漱溟先生的话讲，"中国人心目中所有者，近则身家，远则天下；此外便多半轻忽了"②。没有民族观念，就难以形成整体意识。蒋廷黻先生指出，西洋在中古的政治局面很像中国的春秋时代，文艺复兴以后的局面很像我们的战国时代。在列强争雄的生活中，西洋人养成了热烈的爱国心，深刻的民族观念。我们则死守着家族观念和家乡观念。所以在 19 世纪初期，西洋的国家虽小，然团结有如铁石之固；我们的国家虽大，然如一盘散沙，毫无力量③。在列国竞争的新时代，弱肉强食，适者生存，建设强大的民族国家就成为近代中国的一项根本诉求。

　　前已所述，传统中国为独特的"天下国家"形态，民族意识不够强烈。中国一向自恃文化先进，即使偶被异族统治，也不认为怎么可怕，因为其最终还会被中国文化同化，甚至变为中国的一部分。因此，中国的"天下国家"这种形态，其开放性与包容性是相当强的，从某种意义上讲，其更像天下而不像国家。"天下国家"这种形态，如不遭遇更先进的文明，就可一直存续下去，甚至还可不断向四周拓展开来。"天下国家"的真正敌手，是更先进的文明。一旦出现更先进的文明并向其逼来，"天下国家"的原有存续逻辑就被根本打破。因为

①　费正清：《美国与中国》，世界知识出版社 1999 年版，第 153—155 页。
②　梁漱溟：《中国文化要义》，学林出版社 1987 年版，第 167—168 页。
③　蒋廷黻：《中国近代史》，团结出版社 2006 年版，第 2 页。

"天下国家"内在逻辑是只有一个天下中心,一旦出现另一中心,或更强大的中心,其就不成其为中心了,天下也就无中心了,"天下国家"自然不复存在了。所以,近代中国自从遭遇西方文明以来,中国"天下国家"的"天下"色彩和特性就在衰退,而中国的"国家"色彩和特性就在不断凸显,中国逐渐向民族国家转变。

由此,中国开始逐步形成整体的民族意识。很清楚,民族意识是随着由来已久的中国天下中心观念的破灭而开始出现的,19世纪下半期,中国中心主义在文人绅士的心目中逐渐失去了影响。郝延平、王尔敏指出,虽然民族主义作为广泛的运动直至19世纪90年代才在中国出现,但是它作为一种精神状态却早在60和70年代就开始出现了①。这是伴随洋人东来,而在中国产生的一种新现象。民族意识是现代民族国家建设的先声与基础。

由于贸易是促使西方人来到中国的主要原因,所以从贸易关系中产生的中国民族主义最早在通商口岸发展起来。传统中国政府原对贸易抱毫不关心的态度,现在最先与西人接触、一些开明的官员开始认识到对外贸易对于国家的重要性。1862年李鸿章和丁日昌看出上海经济生活很大程度上掌握在外国人手里之后,其后即意欲恢复中国人对经济的控制。丁日昌在拒绝俄国、英国和美国经营电报线路的要求以后,于60年代和70年代以坚定的言辞说,这种现代企业应该由中国经营。1877年郭嵩焘从伦敦写信道,出乎他的意料之外,铸造银元的权利也是主权国家的"权利"。鉴于外国银元对中国经济的破坏性影响,他极力主张中国收回这种"权利"。其至在1895年以前,人们强烈感到采矿权不应该落入外国人手中。以唐景星和徐润为首的通商口岸的中国商人对这个问题也是敏感的②。外国对中国经济的蚕食,还激起了中国开明官员和进步商人的"商战"意识:

---

① 郝延平、王尔敏:《中国人对西方关系看法的变化,1840—1945年》,《剑桥中国晚清史》下卷,中国社会科学出版社1985年版,第221页。
② 参见《剑桥中国晚清史》下卷,中国社会科学出版社1985年版,第224页。

意欲恢复经济控制、创办民族企业,甚至在晚清筹备建立国家银行。所有这些都是近代先进中国人经济民族意识的觉醒和在经济上进行现代民族国家建设的努力。

列强的入侵,在政治上还激起了中国人的国家主权意识。"主权"意味着国家的独立、自主,在国际社会中的平等地位,它是国家现代性的首要象征。"主权"是一外来概念,在中国最早出现在 19 世纪 60 年代①。1860 年以后中国和外国的商务和谈判日益频繁,中国逐渐吸收西方的国家主权和国家平等观念。但是,中国的主权在条约中受到了损害。条约不是平等互惠的,中国处于不利的一方。此外,外国人在谈判中总按照条约维护他们的既得利益,如果有进一步的利益,他们又总是抓住不放。中国常常不能利用条约来达到自己的目的,反而受到条约的束缚。人们有感于此,终于产生耻辱心情,这便使人们进行具体的思考和作出合理的努力,以争取中国在国际事务中的平等地位②。最为中国人痛恨和最先唤起中国人主权意识的,是外国人在中国的治外法权、条约税则及最惠国待遇。当然,中国人要完全废除外国人在中国的这些特权,争得平等地位,还需不懈奋斗和假以时日。另外,受传统"天下国家"观的影响,中国自古有边陲而无边界。当然,这一状况在近代也发生了改变。中国在列强的瓜分蚕食及反抗它们的斗争中,开始有了明确的领土意识与边界概念。有清晰边界的领土,恰恰是现代民族国家的一个重要特性。法国著名政治学家迪韦尔热指出,民族国家"都各自定居在由明确的边界限定并得到其他国家承认的一块土地上"③。近代先进中国人为免于国土被瓜分,为建设现代民族国家,进行了可歌可泣、不屈不挠的顽强奋斗。

---

① 郑永年:《中国模式:经验与困局》,浙江人民出版社 2010 年版,第 19 页。

② 郝延平、王尔敏:《中国人对西方关系看法的变化,1840—1945 年》,《剑桥中国晚清史》下卷,中国社会科学出版社 1985 年版,第 228 页。

③ 迪韦尔热:《政治社会学——政治学要素》,华夏出版社 1987 年版,第 41 页。

三、民族国家建设的动力与途径

中国近代以来的民族国家建设努力,是针对西方外来挑战而做出的适应性反应。众所周知,传统中国人的认同基础是文化,而不是民族或国家。传统中国的文化至上主义,包含有这样一种信念,即中国是唯一真正的文明,其文化的优越性是不容置疑的。其他民族可能会在军事上比中国强,构成对中国的威胁,但它们不是中国真正的竞争者。除非它们接受中国文化,否则它们就无法统治中国。传统中国的文化主义强调的是中国文化的优越性,而非物质财富方面的进步。然而,到了近代,与西方列强遭遇后,中国人才意识到中国文化不能对付西方人的物质进步,于是,放弃文化主义而转向民族主义①。因此,将整个民族组织起来,建设现代民族国家,是中国走出近代困局的根本之路。然而,中国的民族国家建设要靠组织的力量。

民族国家的建立从西方经验看有如下特征:(1)中央集权的国家整合。原来属于封建贵族和地方精英集团的诸项权力(立法、司法、行政、税收、铸币等)逐渐收归国家,国家的法律、政令通过政治统一、功能分化的官僚体制和官僚队伍贯彻到基层,中央权威通过对封建贵族和地方精英的翦灭或收编的过程中确立起来。(2)强制性资源的国家垄断。国家在对内统治和对外战争(或准备对外战争)中组建起受控于中央政府的常备武装力量和用以维持日常统治秩序的警察体制,国家对这种军事性和警备性设施的独占,是国家法律和政令统一贯彻的强制性基础,是国家区别于"领地"、"公国"、"城邦"、"帝国"以及常备军区别于骑士军人、雇佣军人、地方军阀的根本所在。(3)民族主义意识形态的国家动员。中央集权带来两大问题,一是国家需要设计新的政府形式来有效管理人口及其事务,这就是以上

---

① 郑永年:《中国模式:经验与困局》,浙江人民出版社2010年版,第17—18页。

所说的官僚体制,另一个是国家需要赋予治下的人口以很强的宗教、国籍、政治身份、象征符号的归属意识,以便索取他们的支持。民族和民族国家利害相关,所以"爱国主义"成为动员大众的利器,大众在"爱国主义"的旗帜下打破了或远离了他们原来旧的地域共同体归属,所以民族便成为全体公民(国民)的统称①。现代民族国家建构是一个政治权力自下而上集中和自上而下渗透的双向过程②。一是政治权力从各种经济、社会、文化单位集中到国家,形成统一的"主权";二是从统一的权力中心发散,政治权力的影响范围在地理空间和人群上不断扩大,覆盖整个领土的人口,渗透到广泛的社会领域③。与此同时,国家还需完成向公共服务角色的转换,建构起与公民的新型关系并赢得他们的认同。

概括来讲,民族国家建设主要包括三个最主要的方面,一是民族国家的物质基础建设;二是民族国家的政治结构与制度建设;三是人民对民族国家的认同。而这几个方面传统中国都有重大欠缺。传统中国以天下太平为目标,没有发展概念,而现代民族国家则以追求国强民富为奋斗目标。中国人自古缺乏国家观念与国家认同,梁漱溟先生就指出,"中国人传统观念中极度缺乏国家观念","中国之不像国家","缺少国家应有之功能"④。孙中山先生也指出,中国人有家族认同,无国族认同。"中国人对于国家观念,本是一片散沙,本没有民族团体。"⑤因此,中国人只能称之为大众而非现代公民,只是个体而非集体。所以,要使中国大众产生民族主义国家意识,建立国家是首要任务。就是说国家首先被创造出来,然后国家再去创造民族意识或组织大众分散的民族意识。因此,如何组织中国民族主义,建设现

① 霍布斯鲍姆:《民族与民族主义》,上海人民出版社2000年版,第98—104页。
② 于建嵘:《抗争性政治》,人民出版社2010年版,第176页。
③ 俞可平:《全球化与国家主权》,社会科学出版社2004年版,第68页。
④ 梁漱溟:《中国文化要义》,学林出版社1987年版,第162、165页。
⑤ 《孙中山选集》,人民出版社1981年版,第674页。

代民族国家,是从孙中山到毛泽东的中国政治精英人物所面临的最重要的政治课题①。

由于具体环境不同,民族国家建设的动力与路径就有所不同。近代民族国家建设的过程,本质上是国家走向现代化的过程。按照经典现代化理论,传统国家的重新组织化的动力来自市民社会的资本及其相关组织的扩张要求,布莱克把它称为"现代性的挑战"。正是西方社会早已存在的"现代性成分",如城市自治组织、契约观念、市民阶级,这些初步自组织化的资本力量逐步构成了布莱克所说的"现代化的领导",从而开启了西方"经济与社会的转型",最终达成"社会的一体化"——社会结构的根本改组,其政治形态就是民族国家②。可以看出,作为早发国家,西方的民族国家建设走的是经济驱动之路。其经济建设与政治建设、民族主权与人民主权建设协调推进。郑永年先生指出,由于西方民族国家在发展过程中具有一个相对和平的国际环境,民族国家建设表现为民族主权与人民主权两种主权的互动过程,民主政治与民族国家的建设相对来说一直在平衡发展。而当中国人开始进行民族国家建设的时候,中国已经沦落为一个半殖民地国家,因此,首要任务是争取民族主权,解决民族的生存问题。没有民族主权和国家主权,国家建设无从谈起。因此,作为后发国家,面临恶劣的国际环境,中国民族国家建设过程中民族主权与人民主权两种主权就分离开来,民族主权就被放在优先和突出位置。所以,如果说西方民族国家和民主政治的发展是统一的过程,那么在中国,它们两者的发展就有个时间上先后的问题。就是说,先用政治方法建立一个民族国家,再来调整国家和人民主权的关系③。作为后发现代国家,中国的民族国家建设走的是政治驱动之路。陈明

① 郑永年:《中国模式:经验与困局》,浙江人民出版社 2010 年版,第 22 页。
② 陈明明:"党治国家的理由、形态与限度",载《共和国制度成长的政治基础》(《复旦政治学评论》第七辑),上海人民出版社 2009 年版,第 213—214 页。
③ 郑永年:《中国模式:经验与困局》,浙江人民出版社 2010 年版,第 19、25 页。

明先生也指出，中国的现代化不是源于自身文明的演进，而是源于外部异质文明的输入。它是被"早发"国家强行"拽进"现代化的，它原先的发展逻辑（"王朝循环"）被突然中断，猝不及防地落入了一个和中国历史上的战国时代截然不同的"新多国时代"（帝国主义时代的国际关系）。在这个"新多国时代"里，外部商品和资本凭恃着坚船利炮长驱直入彻底"摧毁了万里长城"（马克思语），异邦的价值、制度和话语潮汐般地占领沿海口岸逼向内地侵蚀着直至颠覆了传统的生活方式，传统专制主义的溃败连同中央集权行政体制的解体引发了严重的政治乱象，这真正是"三千年未有之变局"。中国就是在这种发生了大量异质文化和充满危机的环境下开始它的现代国家建设。和几乎所有的后发国家一样，为了在达尔文式的现代世界中生存，它必须用比早发国家短得多的时间完成新国家体制的建构，必须用比早发国家更积极的政治手段介入和推动经济和工业化的发展，必须用比早发国家更强有力的政府政策实行社会资源在各个社会集团间的再分配[①]。由于中国是后发现代化国家，其现代化的动力不是社会内生的，必须建立和借助强大国家。中国的民族国家建设，就更加借助和倚重政治的力量。

将中国组织起来，是中国走向现代、摆脱困局的根本之路。以孙中山为代表的国民党和以毛泽东为代表的共产党，对重新组织中国都作了探索，但最后都不约而同地选择了借助政党的力量，走以党建国之路。在孙中山革命生涯的早期，试图以欧美多党制建立共和政体，改造中国。但1911年革命后建立的共和政体马上暴露出组织上的无效性。他深刻认识到，没有强有力的政治体制，任何形式的民主政体都不能帮助中国建设一个强大国家。因而，俄国十月革命后，孙中山转向了苏联。结论是，用列宁主义政党组织改组国民党，然后以

---

① 陈明明："党治国家的理由、形态与限度"，载《共和国制度成长的政治基础》（《复旦政治学评论》第七辑），上海人民出版社2009年版，第214—215页。

党改造国家。组织与政党成了孙中山建设中国民族国家的最有力的武器①。孙中山指出:"我们现在并无国可治,只可以说是以党建国。待国建好,再去治它。"②几乎与此同时,以毛泽东为代表的中国共产党人也深刻认识到重新组织中国的重要性。由于农民是中国社会的主体,中国革命和建设的核心问题始终是如何组织农民。毛泽东在其著名的《组织起来》一文中指出:将农民群众组织起来,是人民群众得到解放的必由之路,是由穷苦变富裕的必由之路,也是抗战胜利的必由之路③。中国共产党正是通过政党组织农民,才使中国基层社会发生深刻变动,并最终取得全国胜利。一句话,"没有共产党,就没有新中国",此言千真万确。新中国成立后,中国共产党通过支部建在村上、建在厂上等方式,实现了中国社会的有效整合。

固然,都是以党建国,但国共两党所走的建国路线却不同。一为上层路线,另一为下层路线。正如郑永年先生所说,国民党使用的是精英策略,依靠的是地方精英,而非民众。在地方层次,地方民众被国民党排斥在政权过程之外。由于地方精英没有能够改善地方人民的生活,加上官员腐化,蒋介石的政权尽管高度集权,但实际上极其脆弱。相反,中国共产党是在中国的边缘地带成长起来的,多数地方精英已经为国民党政权所吸收,共产党能动员的资源主要是民众,这使得共产党走上了一条自下而上的民族主义建国道路④。当然,应该指出的是,国共两党都为中国的民族国家建设作出了努力。黄仁宇先生就指出,中国的当代史可以简明的条例:国民党和蒋介石制造了一个新的高层机构。中共与毛泽东创造了一个新的低层机构,并将之突出于蒋之高层机构之前。现今领导人物继承者的任务则是在

① 郑永年:《中国模式:经验与困局》,浙江人民出版社2010年版,第23页。
② 《孙中山全集》第九卷,中华书局1986年版,第104页。
③ 《毛泽东选集》第三卷,人民出版社1991年版,第931页。
④ 郑永年:《中国模式:经验与困局》,浙江人民出版社2010年版,第24页。

上下之间敷设法制性的联系,使整个系统发挥功效①。这也说明,中国的民族国家建设是需要几代人持续努力的复杂的系统工程。

以毛泽东为代表的党的第一代领导人在 20 世纪前期的众多思潮中,之所以选择社会主义,在当时的主要目标是为了建立一个独立的主权国家,而不是像作为社会主义起源地的欧洲那样强调社会福利。在新中国成立后,计划经济也主要是作为一种建立独立主权国家的手段。它的重点并非个人,而是国家力量②。通过国家控制全部资源,搞计划经济,是建设强大国家的手段③。当这种手段的效力释放殆尽后,当代中国就在邓小平领导下走上发展市场经济,通过市场驱动,建设民富国强的现代国家之路。新中国成立以后,当代中国的政府体制及其结构功能,也几经变化。改革前,由于阶级斗争与革命尚未停止,政府的功能主要表现为政治动员。从党的十一届三中全会起,中央果断停止阶级斗争,党和国家转向了以经济建设为中心,这样,发展经济成为各级政府的主要任务。在此过程中,政府在推动中国经济快速发展的同时,也暴露出发展模式的一些问题。赵树凯先生称之为"公司化的政府运行逻辑",他说,"在以招商引资为第一要务的地区,……这些地方政府以增加投资为拉动增长的主要手段,以 GDP 为自己的营业额,以地方财政收入为利润。"④然而,在市场经济体制下,政府的基本职能应是提供公共物品和服务。时至今日,以市场为导向,中国的改革开放已过 30 年,国家的综合国力已有极大跃升。今天,中央适时将和谐社会建设与现代服务型政府建设,提上

---

① 黄仁宇:《中国大历史》,三联书店 1997 年版,第 295 页。
② 郑永年:《中国模式:经验与困局》,浙江人民出版社 2010 年版,第 81 页。
③ 1992 年,邓小平在著名的南方讲话中,明确指出:"计划多一点还是市场多一点,不是社会主义与资本主义的本质区别。计划经济不等于社会主义,资本主义也有计划;市场经济不等于资本主义,社会主义也有市场。计划与市场都是经济手段。"(《邓小平文选》第三卷,人民出版社 1993 年版,第 373 页。)彻底打破了人们对计划经济的迷信及与之相关的思想束缚,把中国的民族国家建设与经济发展,坚定地拉上主要依靠市场驱动的正确道路。
④ 赵树凯:"基层政府的体制症结",《中国发展观察》2006 年第 11 期。

了党和国家重要议事日程。应该说，和谐社会建设与服务型政府建设，都是在为建立人民对民族国家的强大认同奠定坚实基础。

当然，中国的民族国家建设，是一漫长的过程，也是一项极为艰巨的历史任务。时至今日，这一过程仍未完成。固然，在经历了多次革命后，中国不仅获得了民族主权，而且也为民族国家创造了一种制度基础。但民族国家的制度基础还需要进一步巩固和加强。在这一过程中，如何重组国家权力和人民权利之间的关系问题变得重要起来①。当代中国尚需加快人民民主的制度化建设，逐步扩大有序的政治参与。这将是当代中国政治发展的重要主题。

今天，从全球来看，民族国家建设如火如荼，就连长期落后的非洲国家都在快步追赶。与此同时，世界的部分地区似已出现新的趋势，这就是区域一体化。最为成熟与典型的是欧盟国家的一体化。近年，欧盟国家的一体化进程加速发展，今天欧盟已有超出原来单一民族国家的统一货币（欧元），资金、技术、人员也在欧盟成员国间实现自由流动。成员国之间先前的民族意识在弱化，而一体化意识似在增强。实事求是地讲，这是对长期流行的民族国家模式的局部突破。根据马克思主义的唯物辩证法的科学原理，人类社会的发展绝不会局限于民族国家阶段，民族国家的普遍发展就是在为人类突破民族国家阶段，准备基础条件与开辟历史道路。另外，全球化趋势迅猛，各个国家在经济、文化诸方面相互影响、相互渗透，逐渐变得你中有我、我中有你、难分难隔。在区域一体化与全球化趋势的发展中，文化的作用与力量越来越大。中国的历史性优势是有"天下国家"的独特经验，在先前的"天下国家"阶段，中国是文化至上主义。作为天下的中国，一不排外，二不设防，三不屯兵。但从传统的"差序天下图式"向"平等天下图式"转移，是人类发展的历史性趋势。我们在全力加强经济建设与综合国力建设的同时，也必须把提高文化软实力放在重要的战略地位。

① 郑永年：《中国模式：经验与困局》，浙江人民出版社2010年版，第31页。

第七章
从差序格局到平权格局

从社会等级到社会平等,是近代以来社会发展的大趋势。应该说,近代以来中国人遭遇平等问题,首先是从国家间平等问题上起步的。起初,英国的马戛尔尼使团访华,要求与天朝中国建立平等外交关系,遭到了中国皇帝的拒绝。其后,局势慢慢发展,英国人以鸦片贸易为借口,发动以武力打开中国大门的鸦片战争。中国战败的严重后果是,中外关系来了个 180 度的大转变,一变而为外国列强对中国的不平等。此后,争取平等主权、建设强盛国家,成为中国人的神圣使命。在此过程中,中国的帝国政治由于不能适应形势发展的需要,终于彻底崩溃。自此,中国在社会结构层面,也开始了从不平等的差序格局到平权格局的全面深刻的大转型。

一、社会结构向平权格局
转型是历史性趋势

在本书第一章我们已作了交代,传统中国长期是以小农经济为基础的定居农业社会,血缘与地缘关系相互交织,中国社会结构就形成以人伦关系为基础的"差序格局"。在这种格局中,每家都以自己为中心,在血缘与地缘交互作用中形成大小不等的社会圈子。费孝通先生指出,社会圈子范围的大小依着中心势力的厚薄而定。中国人对世态炎凉特别有感触,就是因为这富于伸缩的社会圈子会因中心势力的变化而大小①。在"差序格局"中,人伦关系有远近亲疏,人们就按照远近亲疏的原则为人处世。

　　由于在这种有远近亲疏的差序结构中浸染日久,中国人在社会大转型的过程中,处理人际关系遵循"因亲及亲,因友及友"的思路仍熟,遇事求助自然也由近及远,先父子兄弟,再亲朋里党,喜托人情,找关系。不可否认,这种为人处世的行为模式对今天的中国人仍有不可估量的重大影响。曹锦清先生1996年在中原农村调查后,不无痛心地指出,关键的问题或在于,我们民族千百年来在村落文化中形成的习惯行为和合作方式与现代管理要求相冲突。或说,是普遍化的规章制度与我们习惯的人情交往方式冲突。带有私人与情感色彩的人情关系,要求我们根据亲疏远近的原则对不同的人采取不同的对待方式,而一切规章制度总是按"提高办事效率"的原则制定的②。在"差序格局"结构中,人与人的关系是温情脉脉的,但也是有等差的,人总被置于亲疏远近不等的关系网络之中。这与以自主个人为基础的平权格局的现代社会,有本质性区别。

　　推动中国社会结构从差序格局到平权格局转型的根本性力量,是现代化与市场的力量,而这一过程从近代以来就开始了。但转型真正加速,则在改革开放尤其是市场化改革方向明晰以来。马克思曾指出,"商品是天生的平等派"③,商品与资本的拓展,会将传统社会的温情脉脉与差别性的社会结构彻底摧毁。黄仁宇先生也指出,从历史大趋势看,所有的国家都企图脱离以农业经验为主的管制方式,而采取重商主义的办法。最后之目的在使全国接近世界标准,能在数目字上管理,以货币作管制全国的工具。现代金融经济是一种无

　　①　费孝通:《乡土中国　生育制度》,北京大学出版社1998年版,第27页。
　　②　曹锦清:《黄河边的中国》,上海文艺出版社2000年版,第11页。
　　③　马克思:《资本论》第一卷,人民出版社1986年版,第103页。

所不至的全能性组织力量,它之统治所及既要全部包含,又要不容与它类似的其他因素分庭抗礼。显而易见的财产权之被尊重和分工合作的交换率所根据之客观价值,不能在某些方面有效而在其他的地方无效。揆诸世界历史,迄今尚无一个国家可以不经过一段艰苦奋斗,而能构成此种组织之体系。旧有之系统,包括其中的既有利益必须铲除,然后所有物资与所有服务才能全面地交换,新的体系才能成立①。社会发展的大趋势是,一切有碍平等交换的障碍必须扫荡,一切阻碍平等主体产生发展的机制必须铲除。

这一转型过程,是一个逐步产生独立平等个人的过程,也是一个由身份社会走向契约社会的过程,用马克思的话讲,这是由人的依赖走向人的平等的过程。马克思曾经以人与人关系的性质为准,将人类社会分为三大形态:"人的依赖关系(起初完全是自然发生的),是最初的社会形态。在这种形态下,人的生产能力只是在狭窄的范围内和孤立的地点上发展着。以物的依赖性为基础的人的独立性,是第二大形态。在这种形态下,才形成普遍的社会物质交换,全面的关系,多方面的需求以及全面的能力体系。建立在个人全面发展和他们共同的社会生产能力成为他们的社会财富这一基础上的自由个性,是第三个阶段。"②"人的依赖"、"物的依赖"与"自由个性",既是人类社会三大形态的主要标志,也是人的存在的三种形态。从人的依赖(人与人间依附),到人的独立、平等,是人类社会不断发展进步的过程。

当然,在人类历史的早期阶段(前资本主义社会),个人的力量比较弱小,要依附于一定的群体。正如马克思所指出的:"我们越往前追溯历史,个人,从而也是进行生产的个人,就越表现为不独立,从属于一个较大的整体:最初还是十分自然地在家庭和扩大成为氏族的

---

① 黄仁宇:《中国大历史》,三联书店1997年版,第140、294页。
② 《马克思恩格斯全集》第四十六卷上,人民出版社1979年版,第104页。

家庭中；后来是在由氏族间的冲突和融合而产生的各种形式的公社中。"①此时的个人是狭隘人群的附属物，用梅因的话讲，"个人并不为其自己设定任何权利，也不为其自己设定任何义务。他所应遵守的规则，首先来自他所出生的场所，其次来自他作为其中成员的户主（诸如'家长'、'族长'、'酋长'、'首长'）所给他的强行命令。在这样制度下，就很少有'契约'活动的余地。"②近代社会生产力的迅猛发展，使得个人摆脱对狭隘群体的依附，走向个人本位成为可能。所以马克思讲"产生这种孤立个人的观点的时代，正是具有迄今为止最发达的社会关系的时代"。社会的发展表现为组成社会的普遍的个人独立地发展。他进一步指出："在这个自由竞争的社会里，单个人的表现摆脱了自然联系等，而在过去的历史时代，自然联系等等使他成为一定的狭隘人群的附属物。这种18世纪的个人，一方面是封建社会形式解体的产物，另一方面是16世纪以来新兴生产力的产物"③。与这种社会发展相适应，充分表现和实现个人本位要求的契约应运而生了。契约以个人独立为基础、以个人自治为内容、以个人利益为目的。正如梅因所指出的："所有进步社会的运动在有一点上是一致的。在运动发展的过程中，其特点是家族依附的逐步消灭以及代之而起的个人义务的增长。'个人'不断地代替'家族'成为民事法律所考虑的单位。……我们也不难看到：用以逐步代替源自'家族'各种权利义务上那种相互关系形式的，究竟是个人与个人之间的什么关系。用以代替的关系就是'契约'。在以前，'人'的一切关系都是被概括在'家族'关系中的，把这种社会状态作为历史上的一个起点，从这一个起点开始，我们似乎是在不断地向着一种新的社会秩序状态移动，在这种新的社会秩序中，所有这些关系都是因'个人'的自由而

① 《马克思恩格斯全集》第四十六卷上，人民出版社1979年版，第21页。
② 梅因：《古代法》，商务印书馆1959年版，第176页。
③ 《马克思恩格斯全集》第四十六卷上，人民出版社1979年版，第21页。

产生的。"①社会发展是由身份到契约，个人成为意识自治的自主平等主体。马克思与梅因从理论上分析的是，人摆脱各种封建依附关系，从而产生独立平等的"自主的个人"的过程。

由于中国是后发国家，在现代化起步时，"自主的个人"在中国并不存在。近代中国的社会大转型，就表现为从差序格局到平权格局的过程，也是个人从家族网络等束缚中解放，从而产生自主个人的过程。

当然，从这种"自主的个人"到马克思所讲的"自由的人"，是更高的一个阶段，也是更为漫长的一个历史过程，需要生产力高度发展，物质财富充分涌流。但无可否认，自主个人的出现是人类社会的重大进步，也是民主政治发展的坚实社会基础。

中国社会结构向现代转型的过程，表现为如下三个方面：一是差序格局渐次解体，自主的个人不断成长发展。马克思恩格斯在《共产党宣言》中，曾提出了"人自由而全面的发展"的最高命题。解放人、发展人，是马克思主义的最高使命。然而，新中国成立后，我们在为"人自由而全面的发展"创造条件的过程中，却出现了重大曲折。伴随改革开放的启动，资源由国家垄断到向社会回流，个人有了自主支配的财产并可自由支配自身，个人自主创业、自由发展，自主的个人就有了巨大的发展空间。由此，中国的公民社会开始发育，中国的各种非政府民间组织如雨后春笋迅猛发展。二是中国社会结构不断向分化与专门化发展。美国著名政治学家阿尔蒙德指出，"现代社会结构都具有高度分化的特征"②，社会结构分化的优越性在于它创造了专门化的角色、结构与次体系，并使任务专门化，从而提高社会功效。这从政府机构的分化就可看得很清楚，在传统中国，县衙门既是行政部门，又是司法机构。县太爷没有专门的司法知识训练，不太懂

---

① 梅因：《古代法》，商务印书馆 1959 年版，第 96 页。
② 阿尔蒙德：《比较政治学》，上海译文出版社 1987 年版，第 69 页。

司法业务,其断起案来就难免含有相对的成分。今天县级机构普遍向结构分化与功能专门化方向发展,不仅有负责决策的权力机关、执行决策的行政机关(县政府),而且还有专职的司法机关。就是县级司法机关,也还进一步有公检法之分,公安局、检察院与法院三机关在具体办案中还需相互配合、相互监督。这就是韦伯讲的社会结构的合理化过程,包括合理化的治理方式、合理化的技术等。三是社会文化的世俗化过程。一个社会走向现代的过程,就是社会文化世俗化的过程。阿尔蒙德指出:"世俗化是态度发生变化的一种过程。在这一过程中,人们越来越重视在其周围世界中可以见到的因果关系。在世俗文化中,个人往往自信他们拥有改变环境的能力,并选定有助于改变环境的行动方案。"[1]世俗化就是由传统的迷信、保守、被动、愚昧,走向理智、效能、开放、创新的过程。中国社会文化世俗化过程,典型地表现在现代化进程中中国人行为模式的变化上。如改革开放以来,中国农民的行为更为理性化,开始具有明显的个人效能感,更加注重成本效益分析,谋求最大功效。譬如,家庭联产承包责任制一实行和就业机会一开放,农民再也不会束缚在有限的土地上,甚至仅仅为了更多的闲暇,他们也注意提高劳动生产率。当代中国农民更为务实,他们开始突破传统义利观念的虚伪说教,大胆追求自己的利益,"当场清算"等陌生人间的行为,也在村落家族成员间实行。社会文化世俗化,实质上是个人摆脱人对人的依赖而走向平等的过程。

二、用平等权推进中国社会改革

从社会等级到社会平等,是近代社会转型的核心内容之一。近代以来,尤其是新中国成立以来,我们在社会平等诸方面不断取得一

---

[1] 阿尔蒙德:《比较政治学》,上海译文出版社 1987 年版,第 23 页。

个又一个的巨大进步。我们在男女平等、职业平等、人格平等、教育平等以及民族平等方面,均已取得实质性进步,并建立了相应的制度保障。

　　良好的社会制度应该平等、公平地对待每一个人,不应该对其公民中的任何人或任何部分有所歧视。否则,这种社会制度就是非正义的社会制度。著名政治哲学家罗尔斯在其巨著《正义论》一书的开篇就宣称:"正义是社会制度的第一美德,正像真理是思想体系的第一美德一样。一种理论,无论它多么精致和简明扼要,只要它是不真实的,就必须加以拒绝或修正;同样,某些法律和制度,不管它们多么有效率,多么有条不紊,只要它们是不正义的,就必须加以改造和废除。"①关于正义的内容罗尔斯将其概括为公平(因而其正义论又称为公平的正义),它有两个基本原则:"第一,每个人都在最大程度上平等地享有与他人相当的基本的自由权利。第二,社会和经济的不平等被调解,使得(1)人们有理由指望它们对每个人都有利;并且,(2)它们所附属的职务和岗位对所有人开放。"第一原则是平等自由原则,它是绝对的。正义的社会必须无条件地确保每一个社会成员的自由平等,每一个人都必须尊重他人同样的自由平等权利。公民的平等自由权利之内容,包括"政治上的自由(选择的权利和有资格担任公职的权利),以及言论和集会的自由、良心的自由和思想的自由、个人的自由及保障(个人的)财产的权利、依法不被任意拘捕的自由和不被任意剥夺财产的自由",而且"按照第一原则,这些自由一律平等。因为一个正义社会中的公民拥有同样的基本权利。"②正义的第二原则是差别原则,它规定了经济和社会领域不平等权利的适用范围和条件。第二原则又分两个层次:第一层次是机会均等,它也是绝对的;第二层次即限制不平等差别的要求(即应对所有人有利),

---

　　①　罗尔斯:《正义论》,中国社会科学出版社1988年版,第1页。
　　②　同上书,第56—57页。

也是必需的,但它要以不背离平等自由原则和机会均等原则为其限度。根据正义第二原则第二层次的要求,任何经济与社会的不平等,除了要依系机会均等的条件外,还必须对所有人有利,否则就不被允许。结合不平等的两项限制条件,罗尔斯对正义第二原则的内容作了进一步的解释:"社会的和经济的不平等应这样安排,使它们:(1)适合于最少受惠者的最大利益;(2)依系于机会公平平等的条件下职务和地位向所有人开放。"①罗尔斯认为,这一原则是通过挑选出一种最少受惠者的特殊地位而消除了泛泛地说"对所有人有利"的次序原则的不确定性,基本结构的社会和经济不平等就将通过这一条件来判断——只有在合乎最不利者的最大利益的情况下,经济利益分配的不平等才被允许,换言之,即社会在允许差别时,必须最优先地考虑最弱势群体的利益②。据上所述,罗尔斯对何为正义的社会制度,给出了最为合乎情理的解释。正义的社会制度应包括三个方面的要求:一是基本自由权利人人平等共享,二是机会均等,三是允许差别(不平等)存在时,必须优先考虑最弱势群体的利益。

可见,平等是正义思想和正义社会制度的基本内容,正义的社会制度在允许不平等的差别存在时,必须优先考虑最弱势群体的利益。也就是说,正义的社会制度允许不平等存在,是为了创造条件使包括最弱势群体在内的所有的人享有新的起点的平等。否则,这个社会就是存在歧视性的社会,是日益两极分化的社会。可以看出,罗尔斯在设计正义制度的基本原则时,对弱者、对穷人抱有十分可贵的出自真心的同情。

平等也是马克思主义的核心内容之一,从政治平等到社会平等是共产党人一以贯之的奋斗目标。马克思指出:"无产阶级从政治平等中引申出社会平等的结论。"③当然,无产阶级平等要求的实现有一历史过程,要经历形式平等到最终的真实的平等。在资产阶级阶段,

① 罗尔斯:《正义论》,中国社会科学出版社1988年版,第79页。
② 何怀宏:《公平的正义》,山东人民出版社2002年版,第120页。
③ 《马克思恩格斯全集》第二十卷,人民出版社1972年版,第669页。

平等主要表现为政治平等,是一种形式上的人人权利平等。到社会主义阶段,平等开始向经济领域进军,但平等的权利仍被限制在资产阶级法权的框架里。因为"生产者的权利是和他们提供的劳动成比例的;平等就在于以同一的尺度——劳动——来计量。"①人在体力和智力上的差别会使不同的人提供不同量或不同质的劳动,而平等的权利仅根据劳动的数量和质量为尺度,不顾及劳动者自身的具体情况。"它默认不同等的个人天赋,因而也就默认不同等的工作能力是天然特权。所以就它的内容来讲,它像一切权利一样是一种不平等的权利。"②只有到共产主义阶段,由于生产力高度发达,实行"各尽所能,按需分配"原则,才能克服资产阶级法权,最终实现真实的平等。到那时,平等"表明人的本质的统一、人的类意识和类行为、人和人的实际的同一"③。通过以上分析可以看出,马克思主义经典代表人物在设计正义社会制度时,也是秉持弱势者立场(无产阶级与资产阶级相比处于被歧视、被剥削和被奴役的悲惨处境),无产阶级只有解放全人类,最后才能解放自己。通过制度设计对弱势者进行扶助,着眼于"人的解放"(全体解放),最终实现人的真实的平等。邓小平同志也明确指出,社会主义的本质特征包括两个方面:一是生产力高度发展,"贫穷不是社会主义,发展太慢也不是社会主义"④;二是社会主义"要消灭剥削,消除两极分化,最终达到共同富裕"⑤。

权利平等是自由竞争的前提,也是社会发展富有效率的秘密所在。著名发展经济学家刘易斯,曾给发展中国家摆脱困境开出良方:依靠持续的资本积累,通过工业化进程不断吸纳农村过剩劳动力,消除农村劳动力边际产出为零的低水平均衡。但他最终发现,这个过程不是风

① 《马克思恩格斯选集》第三卷,人民出版社 1972 年版,第 11 页。
② 同上书,第 12 页。
③ 《马克思恩格斯全集》第二卷,人民出版社 1972 年版,第 48 页。
④ 《邓小平文选》第三卷,人民出版社 1993 年版,第 255 页。
⑤ 同上书,第 373 页。

平浪静的,不解决权利分配问题,这个过程就有中断的危险。因而他发出振聋发聩的呼喊:第三世界的农业失败是政治的失败![1] 应该说,从政治和战略高度解决公民的平等权问题,对发展中国家来讲更带有基础性和根本性,也是一个社会长久富有活力的关键所在。

三、依法落实与严格保护宪法规定的
公民的财产、自由与社保权

权利是与(公共)权力相对而言的。近现代以来的西方主流政治学说认为,是先有(社会)权利,后有(国家)权力,公民权是国家和政府成立的前提与目的,其一般将公民权利分为生命权、自由权和财产权。从当代中国的宪法与法律框架来看,中国的公民权利主要包括如下三项,财产权、自由权和社保权(生命权的自然延伸)。

改革开放以来,中国社会的法治进程不断加快,诉讼法、物权法、监督法等一系列保护公民权利、规范公共权力运行的法律相继出台。政府的政务公开以及公民的政治参与的力度也在不断加强。然而,我们在严格依法保护公民权利方面还有许多薄弱点与不平衡,尚存在较为突出的公权侵蚀私权问题。

财产权在公民诸权之中处于核心地位,财产权是公民自由权的基础。农村土地联产承包、公社解体后,农民的各项权利开始有一定程度的恢复,但在农民最主要的财产——农地与房产改革上,农民的财产权远未到位且不能自主支配,因而严重制约了农民的自由流动与自由发展权。诚如党国英先生所言,"为完成中国农村社会的转型,中国农村改革的首要任务是确立农民的土地财产权。这个题目破解不了,中国农村改革这篇文章是不可能完成的。"[2]由于农地与房

---

① 党国英:《农村改革攻坚》,中国水利水电出版社2005年版,第161页。
② 同上书,第114页。

产是农民最为主要的财产,我们必须在农地与房产的确权改革上下
工夫,力争取得重大突破。中国农村的土地确权改革,要走十七届三
中全会确定的土地农户长久使用,到土地农户永久使用的发展思路。
农村土地改革的有效路径选择,可在现有土地承包格局不变的基础
上,尝试实行土地永用制。要用土地永用权,连接当今农村土地制度
的两个基本点:集体所有(所谓底线与前提且有宪法保证)与家庭经
营(充分的激励和无需监督,是中国农村土地制度的生命力所在)。
在土地永用制中,乡村集体组织对土地拥有永有权(永久所有权),农
户享有永用权(永久使用权)。实施的操作路径,可在目前土地承包现
状不变的基础上,使30年土地使用权顺延,以县政府名义发放土地永
久使用权证书,以代替目前的30年承包证书。从十七届三中全会通过
的《关于推进农村改革发展若干重大问题的决定》中,也可看出,中国农
村土地问题的解决,正在向着放开产权、管住规划①、严控用途的思路
迈进。《关于推进农村改革发展若干重大问题的决定》明确指出:要使
现有土地承包经营权长久化,要扩充和完善土地承包经营权权能,并搞
好农村土地的确权、登记、颁证工作,这事实上是在现有承包格局不变
的基础上,使土地向农户永久使用的方向发展。各级政府和地方组织
在土地永用制的制度设计中,要明确分工,划分权责所在。国家要管住
土地规划,中央管规模,省政府管到地块②。县乡政府对土地用途进行
管制,农村集体组织则监督土地用途管制的实施。土地永用制将使农
民彻底吃上定心丸,从而拥有充分的土地财产权,包括享有完整永久的
土地使用权、自主经营权、自由流转权以及抵押与继承权。土地永用制
将使农村集体组织,在十七届三中全会确定的农村土地制度市场化改
革思路中,找准定位和明确权能。《关于推进农村改革发展若干重大问
题的决定》对农村土地经营权流转,提出原则性要求,即土地流转"不得

---

　　① 党国英:"如何维护农民土地财产权、实现土地资源的有效利用",《社会科学报》2008
年10月23日。
　　② 同上。

改变土地集体所有性质，不得改变土地用途，不得损害农民土地承包权益"，事实上是对农村集体组织的集体所有者权能的明确定位。集体组织的权能将体现在：在土地产权明晰的基础上，对土地的使用与流转进行监管，确保土地性质不变、用途不改，从而有效保护农民权益。另外，当农民拥有充分、稳定的农地财产权后，他们如何安排自己的土地权利、如何流转土地，那将主要是农民自己的事情。

再看农民的房产权，目前农村宅基地属于农民集体所有，农民家庭仅拥有宅基地的使用权。农民住宅不得向城市居民出售，不能自由上市实现价值，其使用和有限流转被严格界定在农村集体经济组织这一封闭的圈子内，没有多少升值空间。农民到城市务工就业，不能将农村房产变现。可以说，农民把一生的主要积蓄投在宅基地上建房，宅基地及建基其上的房产，成了目前中国市场经济中最大的未商品化的要素和隐性财产，农村房产改革必将成为中国农民权利解放的主要内容。中国农村房产改革，也要逐步明晰产权，最终建立可融通的全国城乡一体的房产大市场。要尽快停止宅基地的无偿分配，在坚持集体土地所有权不变的前提下，依法将现有宅基地使用权落实到本集体经济组织的农户，采取确权登记方式，确立农民的主体地位。农村宅基地使用权也应明确为70年。届满，可以按照国家有关规定继续延续。已经落实到户或流转的宅基地，符合法律规定、流转合同规范的，要予以维护；流转合同不规范的，要予以完善；不符合法律规定的，要依法纠正。流转期限不得超过国家明确规定的使用期限的剩余期限，流转后不得改变宅基地用途①。目前，农宅不得卖给城市居民的政策，脱离了市场经济条件下人口流动迁移、城乡交融的实际。目前，农民只有在政府拆迁时才能获得宅基地的土地级差收益，在其他场合，农民只能低价村庄内部交易。只有放开市场，才有对农民来

---

① 武建东："中国农村土地使用权的战略整合和改革路径"，《东方早报》2008年10月7日。

讲是公平的房产交易①。目前城乡房产市场不融通的政策,必须伴随农民房产确权进程的加快及时进行修正。在不改变宅基地用途的前提下,农民可依法对拥有的宅基地经营权和农房所有权进行转包、出租、转让、入股、抵押或作为出资、合作条件,对其宅基地和农房依法开发利用,落实农民在这个问题的处置权。保障农民的宅基地收益权,农民经营宅基地的收益,归农户所有②。十七届三中全会通过的《关于推进农村改革发展若干重大问题的决定》明确指出:"在土地利用规划确定的城镇建设用地范围外,经批准占用农村集体土地建设非公益性项目,允许农民依法通过多种方式参与开发经营并保障农民合法权益。逐步建立城乡统一的建设用地市场,对依法取得的农村集体经营性建设用地,必须通过统一有形的土地市场、以公开规范的方式转让土地使用权,在符合规划的前提下与国有土地享有平等权益。"据此,农民完全可以自己成立规范化的房产开发公司,按照市场需求,对土地进行"深加工"后卖产品——住宅,农民将获得更多的本属自己的土地增值收益。开发商获得土地的谈判对象,也将从政府机构转向农民或农民意见领袖(如农村基层组织)③,农民在征地谈判中将处于更有利的地位。与此同时,以中央政府出台的有关政策为契机,可进一步修改和完善《土地管理法》、《房地产法》、《担保法》等法律和相关政策,为直接促进乡村集体建设用地进入市场经济流转创造条件。

目前导致农民工不能融入城市及居住状况恶劣的原因,并不是没有住房,只是住房与人分置在不同的空间。人能流动,但土地和住房在现有体制下不能流动。当前的关键是让土地和住房流动起来,

---

① 北京市农村经济研究中心课题组:"农房买卖拷问现有宅基地制度",《社会科学报》2009年8月27日。

② 武建东:"中国农村土地使用权的战略整合和改革路径",《东方早报》2008年10月7日。

③ 凌家琪:"宅基地流转或'利空'中国房价",《东方早报》2008年10月13日。

让农民工定居下来,如此才能提高稀缺要素的配置效率,才能提高农民工的福利水平,才能大大加快中国的城市化进程①。据估计,农民财产的70%—80%是以土地形式存在的隐性资产。由于没有明确的产权,农民的财产无法进入市场,这些土地只能够在农业用地范围内流转,农民却不能按照工业化和城市化的方式来自由地处置自己的土地,农民的流动,并不能将土地进行有效率的处置,农民一旦离开土地,他的财产中的绝大部分,立刻就会变得毫无价值,因此对于大多数农民的流动而言是没有财产的流动,所以流动到哪里对哪里都不利②。当农民通过土地使用权的货币化转让而获得进城参与工业化进程所必需的原始积累资金的时候,现在中国的城市只要"民工"而不要来之于农村的"移民"这个问题就会迎刃而解。中国现在的城市之所以只要"民工"而不要"移民",关键在于观念上认为农民进城是来争夺就业机会,并免费享用城市公共产品的。假如土地使用权的货币化转让能够实现,那么政府就可以通过某种预缴城市社保基金制度,让每一个进城的农民在获得原始的积累资金的同时,为自己购买一份作为城市居民的社保基金而成为一个受城市现有居民欢迎的"移民"。随着大量的农民进城,农村存量土地的投资价值就会凸显,这样原先贫瘠的土地也会因为有人投资而不再贫瘠。中国今天农村的贫困源于中国太多的人口滞留在十分有限的土地上,由此造成的对土地资源的掠夺性使用不仅导致农民的贫困,同时也造成了土地的贫瘠,这种土地资源与人口增长之间的恶性循环只有通过土地使用权的货币化流转和大批农民向城市的转移才能得到真正有效的解决③。因此,土地与房产的确权到位及自由变现,是农民迁徙自由权和中国城市化进程快速发展的助推器。

---

① 卓勇良:"关键是要农民工定居",《社会科学报》2009 年 8 月 27 日。
② 张俊:"城市化进程中的土地征用与农民发展",上海市社联编《科学发展与和谐社会》,上海人民出版社 2007 年版,第 441 页。
③ 华民:"长江边的中国",《毛泽东邓小平理论研究》2004 年第 1 期。

　　另外,要建立覆盖全民的由国家托底的基本社保体系,为城乡自由流动提供现实基础。社保权是使人的生命得以维护和人性尊严得以保障的重要权利,是人的生命权的自然延伸。农民的社保权有宪法根据,现行宪法第十四条规定:"国家建立健全同经济发展水平相适应的社会保障制度。"为包括农民在内的全体国民,建立和提供社会保障是宪法规定的国家的重要职责。宪法第十四条还规定:"国家合理安排积累和消费,兼顾国家、集体和个人的利益,在发展生产的基础上,逐步改善人民的物质生活和文化生活。"根据宪法平等原则的基本精神,由国家向国民提供的社会保障是不分等差的,是不允许存在歧视的,而且随着国家经济的发展还要逐步改善。当农村土地确权到位后,占农民财产70%—80%的隐性资产就可变现,这会为农民社保权和追求富足权的发展提供可观的现金流。如果农民的土地财产可以变现,并可享受城市化带来的土地增值收益,那么,在农民社会保障问题上就可由国家、集体和农民按一定比例出资并由国家财政托底,这无疑将大大提高农民的社会保障水准并有力加速中国的城乡一体化进程。目前,国家正在积极开展新型农村社会养老保险的试点,为加快建设覆盖城乡居民的社会保障体系作准备。

　　农民是当代中国权利最为贫困的弱势群体,当其公民权利得到有效保护与提升之后,当代中国社会的整体公民权利就往前迈出一大步。这将为中国的快速发展、和谐发展,奠定更加坚实的基础。

第八章
从为民做主到人民民主

自从 19 世纪中期中国与西洋人遭遇,中国社会的大转型就开始了,或者说中国社会就开始了现代化的进程。然而,作为后发国家,中国社会的转型与现代化任务极为艰巨,其对政治就有特殊的要求。中国近代一百多年的历史表明,中国作为一个后发国家进行现代化,需要一个有效推进现代化的政治载体。反过来讲,现代化向纵深发展,也对政体的转型与现代化尤其是民主化提出了要求。

一、中国的转型与现代化需要
有效的政治载体

前面我们已讲过,在传统中国,国家缺乏治国理政之纵深,其主基调是无为而治。梁漱溟先生就指出传统中国政府的特征是统而不治,基本上不履行现代国家的功能。这种"国家形态"是不能适应近代列国纷争的达尔文式弱肉强食的国际秩序的,中国的转型与现代化需要有效的政治载体。萧功秦先生认为这个政治载体需要满足三个方面的条件:一是在推进现代化的起步阶段,必须具有强有力的整合能力与动员资源的能力;二是这种政治载体需要有市场经济现代化导向性,以及对外部世界的开放性;三是这个政治载体必须有适应环境变化与发展的不断自我改革能力,不断根据环境变化而自我调节,能及时进行制度更新与制度跟进①。林尚立先生认为,这一载体需要将权威、秩序与活力三要素有机结合起来②。能满足这些条件,这一载体就有效并能存续发展,反之,就被革新甚至被淘汰。

为了适应社会转型与现代化的需要,中国清末也曾试图探索实行开明专制模式。然而,清朝专制政治之所以没有完成向开明专制的转变,不能像日本明治维新那样实现早期现代化的目标,并最终导致清王朝的崩溃,是因为这一传统体制不但缺乏明确的现代化导向性,而且也缺乏制度弹性与体制自我更新的适应能力。而民族危机中的连续不断的失败与挫折,使它陷入了深重的权威危机,从而失去了改革的机会③。在经过洋务运动,把引进技术看作变局的核心的努力几十年后④,仍不见成效。其后,中国在与后起国家日本的甲午战争中,更是一败涂地。当时,先进的中国人就把中国问题的症结转向了中国的专制政体,认为中国必须结束专制走向共和才有希望。于是,就有了辛亥革命与孙中山建立共和的尝试。

应该说,孙中山先生领导的推翻专制走向共和的开创性探索,符合中华文明走向现代的根本取向,具有不可磨灭的历史性贡献。但是,辛亥革命成功后,探索实行的早期议会民主制政体模式,固然具有明确的现代化导向,但西式的多元民主体制下的多党竞争在中国缺乏社会、经济与文化的支持条件,难以实现国家权力对社会的整合,陷入严重的政治脱序与党争危机⑤。也就是说,早期议会民主制模式的最大缺陷,是形不成有效的政治权威以领导中国社会转型。

---

① 萧功秦:《中国的大转型》,新星出版社 2008 年版,第 90 页。

② 林尚立:《有效政治与大国成长》,载唐晋编《中国式民主政治》,人民日报出版社 2009 年版,第 39 页。

③ 萧功秦:《中国的大转型》,新星出版社 2008 年版,第 90 页。

④ 郝延平、王尔敏:《中国人对西方关系看法的变化,1840—1945 年》,《剑桥中国晚清史》下卷,中国社会科学出版社 1985 年版,第 189 页。

⑤ 萧功秦:《中国的大转型》,新星出版社 2008 年版,第 91 页。

随后,中国走向以现代化为导向的政治强人主导的权威政治模式。无论是袁世凯的军事强人的权威主义模式,还是国民党蒋介石的国家主义权威模式均是如此。但强人权威政治模式,具有严重缺陷。其权威主义的组织结构内部具有浓厚的庇护制、家长制和私人裙带关系,缺乏完整有效的意识形态支持,且难以克服日益腐败的倾向[①],这决定了其高度的脆弱性与过渡性。袁世凯与蒋介石的强人权威政治模式,不能肩负完成中国有效整合及推动中国社会转型与现代化的重任。

中国需要更为有效的政治载体,这就是在中国最终成长起来的以中国共产党为轴心领导力量的新的权威领导体制。林尚立先生指出,中国是一个有悠久历史的大国,其内在结构多样、层次多重,因而,其一体化发展需要有效统一的制度和有效的国家权力;中国又是一个后发的现代化国家,其内在的社会力量无力支撑转型,而外在的压力则要求快速转型和发展,因而,其现代化发展需要政党的组织力量支撑和有效的领导[②]。中国的社会转型与现代化,最终选择了中国共产党的领导。

当然,近代中国探索以现代政党为轴心领导力量,经历了一个长期的过程。孙中山是展开此项探索的第一人,他曾说自己“向来主张以党建国”[③]。孙中山将其所领导的革命及民主共和实践与苏俄的革命进行比较后认为,他的革命和国家建设之所以难以取得实质性成功,教训有二:其一,革命党不强,没有苏俄那样有组织、有力量、有理想的政党,为此要改造国民党;其二,没有革命军,没有能够为政党的目标而奋斗的革命军,为此要建革命军。国民党的改组和黄埔军校的建立,是孙中山晚年为中国革命和建设量身定做的政治杰作[④]。

---

① 萧功秦:《中国的大转型》,新星出版社2008年版,第91页。
② 林尚立:“有效政治与大国成长”,载唐晋编《中国式民主政治》,人民日报出版社2009年版,第38页。
③ 《孙中山全集》第八卷,中华书局1986年版,第281页。
④ 林尚立:“有效政治与大国成长”,载唐晋编《中国式民主政治》,人民日报出版社2009年版,第37页。

然而,在此后的实践中,国民党及其领导的军队由于自身的分裂和腐败,没有对中国的革命和国家建设形成有效的政治支撑。而中国共产党将列宁主义的政党原则贯彻得更为自觉与彻底,充分发挥了政党的政治动员与社会组织功能,结果最终取得了革命的胜利。郑永年先生指出,中国共产党的革命方法比国民党更彻底。在社会的基层,国民党所依靠的是地方精英,即地方绅士,而共产党则直接依靠农民,直接把中共的治国理念传达给了人民。这样,共产党比国民党更具有动员社会资源的能力。这一不同也直接表现在两党所建立的政权组织上。国民党的政治权力从中央通过省和县到达了乡镇一级,而共产党更进一步,政治权力再从乡镇延伸到村一级①。党的领导是中国共产党取得革命战争胜利的重要法宝,战争胜利后,它也就自然成为国家建设的决定因素。党奠定了新中国的基本制度体系,恢复了在长期战争中停止下来的经济与社会发展,重新组织了社会,开始了社会主义建设的探索和实践。在这个过程中,党的组织以及党所掌握的国家权力成为党创造新社会、新国家的决定力量②。这样,晚清以来,中国社会转型与现代化的政治载体的有效性的问题终于得到了彻底解决。

但是,新中国成立初期,在解决现代化政治载体有效性的同时,由于经验不足,盲目照抄苏联模式,结果走上纯靠政治推动中国经济社会发展的"唯政治"的国家建设道路,形成了全能主义的政治体制。全能主义的政治体制高度突出和强化了国家权力,否定了市场的作用,严重压抑了个人的主动性与社会的创造活力。毛泽东 20 世纪 50年代中期,初步发现苏联模式的弱点,试图独立探索中国的发展道路。他在《论十大关系》中指出:"中央和地方的关系也是一个矛盾。解决这个矛盾,目前要注意的是,应当在巩固中央统一领导的前提

---

① 郑永年:《中国模式:经验与困局》,浙江人民出版社 2010 年版,第 48—49 页。

② 林尚立:"有效政治与大国成长",载唐晋编《中国式民主政治》,人民日报出版社 2009 年版,第 37 页。

下,扩大一点地方的权力,给地方更多的独立性,让地方办更多的事情。这对我们建设强大的社会主义国家比较有利。我们的国家这样大,人口这样多,情况这样复杂,有中央和地方两个积极性,比只有一个积极性好得多。"①可以看出,他从政府层面论述发挥中央和地方两个主体的积极性比较有利。同理,可以肯定,不仅发挥"中央和地方两个积极性",而且发挥包括民间社会在内的"更多积极性",将更有利于焕发中国超大型社会的活力。只有给予地方以相对独立的自主权,给予个人更大的创造空间,充分注意民间的本土化资源,才能让一切创造社会财富的源泉充分涌流,从而更好地推动发展和取得更大的合法性支持。顺便说一下,以后中国的改革开放,就是沿着还权于民、放松管制的思路展开的,也就是最大限度地使社会与个人获得自由发展的空间。但是,由于各种原因,新中国成立后20多年中国探索独立发展道路的努力并不顺利。直到改革开放,中国在这一问题上才取得突破。

　　林尚立先生将近代以来的中国的国家建设和国家成长,分为三个大的转型发展阶段:首先是辛亥革命前后所形成的从传统走向现代、从专制走向共和的转型发展;其次是新中国成立前后所形成的从新民主主义革命走向社会主义革命的转型发展;最近这次是改革开放之后形成的从计划经济走向社会主义市场经济的转型发展。他认为,相比较而言,第三次转型发展所带来的社会发展与国家成长体现得更加深刻、全面与具体。这固然与第三次转型发展有前两次转型发展所形成的基础有关,但也与第三次转型发展第一次实现了权威、秩序与活力的高度有机统一有关。反观前两次转型发展,可以看到,这三方面的要素都没有在转型发展中获得有机统一,并形成强大的发展动力资源。第一次转型发展,虽然创造了一个新的秩序体系,但由于缺乏应有的权威力量支撑,新的秩序体系既不能获得有效的巩

---

①　《毛泽东著作选读》下册,人民出版社1986年版,第729页。

固和完善,也不能激发出整个社会的发展活力;第二次转型发展,虽然确立了强大的权威力量,但由于缺乏对中国社会发展规律的深刻把握,在秩序体系选择和社会活力激发方面没有达到理想的目标,结果强大的权威没有形成强大的发展。只有第三次转型发展,权威、秩序和活力才获得有机统一,从而创造了中国 30 年大发展的奇迹①。在这一有效政治载体的强力推动下,中国社会实现了国民生产总值年均 10%左右连续 30 多年的高速增长,今天中国已经成为仅次于美国的全球第二大经济体,中国社会在社会多元化和个人自主化诸方面也发生了极为深刻的变化。所有这些变化,反过来,对中国的政治体制和政治发展也提出了新的更高的要求。这就要求中国的政治发展在保持政治对经济和社会发展有效性的过程中,也还应该从政治发展的自身逻辑出发,思考和部署中国政治发展的任务、目标与进程,这其中必然涉及中国政治发展中的一系列核心问题②。这就要求中国的政治发展,要注意从中国的民主化进程中汲取和动员全民的发展资源与合法性资源。

二、从为民做主到人民民主:中国 政治体制的现代转型

传统中国政治是一独特的权威类型,近现代中国的政治转型不能完全撇开此基础。钱穆先生指出,中国传统政治理论,根本不在主权问题上着眼,而是强调政治上的责任应该谁负的问题。因此,孔子说:"政者,正也。子率以正,孰敢不正。"《尚书》也讲:"万方有罪,罪在朕躬。"中国传统政治理论,是在官位上认定其职分与责任。皇帝或国君,仅是政治上最高的一个官位,所以说天子一位,公、侯、子、男

---

① 林尚立:"有效政治与大国成长",载唐晋编《中国式民主政治》,人民日报出版社 2009 年版,第 38—40 页。

② 同上书,第 50 页。

各一位,共五等。天子和君,在政治上各有他应有的职分和责任。天子和君不尽职,不胜任,臣可以把他易位,甚至全国民众也可以把他诛了①。因此,孟子说:"闻诛一夫纣矣,未闻弑君也。"费孝通先生也指出,中国传统社会的权力结构既不是同意权力(民主),也不是横暴权力(专制),而是教化权力(年长且有学养者掌握)。教化权力既非民主,又异于不民主的专制,所以用民主和不民主的尺度来衡量中国社会,都是也都不是,都有些像,但都不确当。在传统中国社会,人的行为有着传统的礼管束着,儒家很有意识想形成一个建筑在教化权力之上的王者;他们从没有热心于横暴权力所维持的秩序②。通过以上分析可看出,传统中国社会的管理者应该是社会的"贤能型代表",而不是今天所说的"选举制代表"。正如古代治国经典《周礼》所云:"选贤与能,讲信修睦。"传统中国国家与社会,均应由贤能的人来管理,并负起责任。从地方社会来看,这些行使教化权力的"表率型"的社会领袖,是自然成长起来的,也是传统文化塑造出来的。费孝通先生在对 20 世纪 30 年代的江村村长作了研究后,指出:"当一个领导人并没有直接的经济报酬,而且为达到此地位,需要经过相当长的时间准备钱的过程,才能使自己达到一定的文化水平。一个穷人家的孩子要得到这种职位的机会是比较少的。但单靠财富本身也不能给人带来权力和威信。"③当乡村领袖的起码要求是,知书达理,办事公道,志愿服务,因此,也是一个长期做人和磨炼的过程,最终才能赢得信服。"当领导人的基础在于,不论他们代表社区面向外界时,或是他们在领导社区的事务时,都能得到公众的承认和支持。"④因此,传统乡村领袖不是民众推选出来的,民众选择即是同意权力(民主),必内含(或假定)个人自由意志和有一个社会契约的过程,也就包含着

① 钱穆:《国史新论》,三联书店 2001 年版,第 81—83 页。
② 费孝通:《乡土中国 生育制度》,北京大学出版社 1998 年版,第 67—68 页。
③ 费孝通:《江村经济》,载《费孝通文集》第二卷,群言出版社 1999 年版,77 页。
④ 同上。

强制（民众与其领袖彼此存在履约强制），正如费孝通先生所言的，
"民主政治的形式就是综合个人意志与社会强制的结果"①。然而，传
统乡村领袖与农民之间不存在强制问题，而是一种教化和引导关系。
乡村领袖以其学识、修养、面子、资望，作出表率，提供服务，赢得尊
敬，并按传统的礼俗调节乡村社会。再往上，县太爷为民众之父母
官，其行为模式也如此。

　　传统中国的政治形态，可谓是一种贤能表率型的为民做主的权
威体制。当然，这与今天的人民民主和人民当家做主，在性质上有根
本性的区别。传统中国从政者的根本职责要求应是为民做主，故在
古代官员中有"当官不为民做主，不如回家卖红薯"的传说。这也就
是马克思所说的，作为古代居民主体的农民"不能自己代表自己，一
定要别人来代表"。"他们的代表一定要同时是他们的主宰，是高高
站在他们上面的权威，是不受限制的政府权力，这种权力保护他们不
受其他阶级侵犯，并从上面赐给他们雨水和阳光。"②也就是说，农民
需要他者来做主，但由于小农经济的自足与乡村的自治性质，因而真
正需要替民做主的事并不多。这种贤能表率型的权威体制，从内在
逻辑上讲，也是力主政简刑清与无讼的。梁漱溟先生指出，民间有纠
纷，一般都是民间自了，或由亲友说合，或取当众评理方式。其所评
论者，总不外情理二字，实则就是以当地礼俗习惯为准据。亦有相争
之两造，一同到当地素孚众望的某长者（或是他们的族长）面前，请求
指教者。通常是两者都得到一顿教训（伦理上原各有应尽之义），而
要他们彼此赔礼，恢复和好。大约经他一番调处，事情亦即解决③。
传统中国基层权威的形态与性质，在此得以鲜明呈现。当然如果问
题更大，地方处理不了，才会上告官府，请求为民做主。因而，绅士是
地方的贤能表率型权威，皇帝则是代表全国的贤能表率型权威。黄

---

　　① 费孝通：《乡土中国　生育制度》，北京大学出版社 1998 年版，第 65 页。
　　② 《马克思恩格斯全集》第八卷，人民出版社 1961 年版，第 218 页。
　　③ 梁漱溟：《中国文化要义》，学林出版社 1987 年版，第 206 页。

仁宇先生指出,中国古代因为技术上的困难,在管理千百万生灵的时候不得不假借遗传的帝统,代表社会价值的总和。皇帝有了御殿里龙椅上的神秘色彩,就成为一个说话算数的仲裁者。他以圣旨为号召,固然从上而下有了自然法规的至善至美,可是生灵涂炭时,他也真要切身的负责。除非百姓安居乐业,为人君的不能安逸[1]。这样,皇帝就象征天下最高的道德权威,并在百官的争议之间作出最后仲裁。

当然,传统中国的这种为民做主是不牢靠的。为防止官员不为民做主,传统中国也有预防措施,主要是传统政治双轨制与儒学的传统与教育。关于传统中国的政治双轨,费孝通先生曾给以经典性的分析。他指出,一个健全的、能持久的政治必须是上通下达,往来自如的双轨形式。如果这双轨中有一道淤塞了,就会发生桀纣之类的暴君。专制政治容易发生桀纣,那是因为自下而上的轨道容易淤塞的缘故。在传统中国,自上而下的政治轨道到县为止。知县是亲民之官,但不与老百姓直接接触。代表统治者和人民接触的,是衙门里皂隶、差人之类的胥吏,但他们的社会地位极低。而在地方自治组织里负责的,那些称为管事和董事等地方领袖并不出面和衙门有政务上的往来。应付衙门这件事另外由一种人担任,被称为乡约等一类地方代表。虽然在传统政治里表面并不承认有自下而上的政治轨道,但是自上而下的命令谁也不敢保证一定是人民乐于接受的,所以事实上一定要铺下双轨。衙门里差人到地方上来把命令传给乡约。乡约是个无人愿干的苦差,他接到了衙门里的公事,就得去请示自治组织里的管事,管事如果认为不能接受的话就退回去。命令是违抗了,这乡约就被差人送入衙门,打屁股,甚至押了起来。另一方面,自下而上的政治活动也开始了。地方的管事用他绅士的地位去和地方官以私人的关系开始接头了。如果接头的结果达不到协议,地方的

---

① 黄仁宇:《中国大历史》,三联书店 1997 年版,第 84、87 页。

管事由自己或委托亲戚朋友,再往上行动,到地方官上司那里去交涉,协议达到了,命令自动修改,乡约也就回乡。在这种机构中,管事决不能在公务上和差人接头,因为如果自治团体成了行政机构里的一级,自下而上的轨道就被淤塞了①。然而,随着近代化进程的展开,乡土性的自足时代成为过去,国家扩权扩能和公共机构向基层下渗成为历史性趋势。近代国家在社会基层开始推行生硬的保甲制度,就把自上而下的政治轨道筑到每家门前。保甲是执行上级机关命令的行政机构,同时也是合法的地方公务的执行者。这两重任务在传统结构中由三重人物分担:衙门里的差人,地方上的乡约和自治团体的领袖管事。现在保甲把这三种人合而为一,传统绅士为着他的地位是不愿进入这种政治结构的(做保长),基层有些有声望的人为了自己的利益一旦进入,就得放弃地方立场,因为他不能拒绝上级命令,不能动用自下而上的政治轨道。这样,政府行政机构向下伸延的结果是,政治双轨拆除,基层社会被逼入死角,最终引发革命。费孝通先生1947年即指出,"怎样去防止权力的滥用,还是个急切得加以回答的问题。这问题并不是对任何人或任何党而发的,今后无论哪一党所组成的政府必然得做比以往的政府更多的事情,传统的无为主义已经失其意义,而在我们的文化遗产中所有防止权力滥用的机构又十分脆弱。我们是否将坐视双轨体系的被破坏?坐视中央权力的无限扩大?坐视地方自治的式微?如果我们果真没有能力学习英美代议制,我们有什么代替品呢?"②果然,由于制度变更造成自下而上的政治轨道淤塞后,中国社会形势岌岌可危。缺乏阻拦,高居人民之上的官府就变为直入社会底层的赤裸裸的掠夺者——"老虎"。然而,人民并没有渠道表示反对意见,"当局势变得不可忍受时,唯一的出路便是造反"③。

---

① 《费孝通文集》第四卷,群言出版社1999年版,第337—340页。

② 同上书,第352页。

③ 费孝通:《中国绅士》,中国社会科学出版社2006年版,第20、56页。

应该承认,传统中国的双轨政治设置有其道理,从基层铺设的自下而上的政治轨道是对官府侵蚀社会下层的阻拦与缓冲,也是底层怨气的重要释放通道。可以看出,在传统的双轨政治中,自上而下的政治轨道到县为止,而自下而上铺设的政治轨道的作用对象也是县衙的"父母官",而基层民众向"父母官"施压借助的中介,则为从基层自发产生出来的民众的"贤能型代表"(被称为管事的绅士)。当然,我们也应看到,"士农工商"的社会等级分层是传统双轨政治维持的社会基础(官与绅社会地位相当,而绅士保持地方立场,因此才能形成力量抗衡和政治均衡机制)。然而,今日中国经过社会变革已向着"平权"的方向发生根本性转型,传统的双轨政治绝无起死回生的任何可能,旧的防止权力滥用的消极办法(如政治无为)和私下接触防控的非正规途径(传统自下而上的政治轨道是制度外的非正规途径)已经丧失意义,我们必须与时俱进,在防止权力滥用的途径上进行积极的制度创新。也就是,要从传统双轨政治向现代双轨政治转型,从基层民众利益维护的传统"贤能型代表"机制向现代的"选举型代表"机制转型,从传统的为民做主体制往现代的人民民主体制转型。然而,这种转型却充满艰难曲折。

传统中国另一预防官员不为民做主的措施,是儒学的传统与教育。中国儒家历来重视修身,强调修齐治平之道。中国的文官从汉代开始,两千多年来都接受儒家理念的教育。许倬云先生指出,这是一个有意识形态的文官群体,并不仅是管理系统中的工具。固然,中国文官中部分人会依附权力,忘记儒家理念。可是,只要以理想为鹄的,总有一些人,或在权力结构中力求匡正缺失,或在权力圈外抗争。许多忠烈正直人士,即使在当时只是白费力气,儒家的理想也会因有这些谔谔之士得以长存不坠①。当然,我们也可看到,传统中国预防官员不为民做主的诸项措施,还不是刚性的,对传统官员的异化还不

---

① 许倬云:《历史大脉络》,广西师范大学出版社 2009 年版,第 33 页。

能产生根本性的抑制作用。传统中国的政治形态与权威模式,还需伴随中国现代化进程进行根本性的转型。也就是,最终要由为民做主模式转化为人民民主模式。

新中国成立后,中国就开始了人民民主的国家制度建设。由于中国的特殊国情和革命的独特路径,人民民主的国家制度在创建过程中,需要解决中国的三大基本问题:一是中华民族的多元一体问题。中国是一个多民族国家,多元还要形成一体。为解决此问题,孙中山提出"五族共和"的思想,中国共产党在早期曾有联邦制的设想。在长期的革命过程中,中国共产党人对中国国情的认识逐步深化,最终找到了符合国情并能确保国家的统一效能及发挥地方积极性的民族区域自治制度。二是各革命阶级的联合统治。中国没有发展成熟的资产阶级,中国的各革命阶级和阶层,在近现代革命过程中都作出了历史性贡献。中国的政治制度建设,要体现这一特色。因此,毛泽东在《新民主主义论》中提出,中国的民主政治,既不是欧美式的、资产阶级专政的民主政治,也不是苏联式的、无产阶级专政的民主政治,而是各革命阶级的联合统治(人民民主专政)。反映在政党制度上,我们既不同于西方的多党制,也不同于苏联纯而又纯的无产阶级一党制,而是实行中国共产党领导的多党合作制。中国的各民主党派不是在野党,而是参政党。三是解决劳动的主导地位问题。中国要建设社会主义国家,而社会主义坚持劳动本位,着眼于劳动解放。新中国的制度建设要体现劳动主导,这就是人民代表大会制度。这三大制度就形成当代中国政治制度的整体框架,然后以此为基础,借助党的组织推动,新中国就渐次完成了整个国家由上到下的组织结构搭建。

当然,人民民主重在制度建设。固然,宪法第二条就规定了"中华人民共和国一切权力属于人民",但这些规定并不能保证人民民主的自动实现。当前,加强人民政治参与的制度建设已经刻不容缓。很清楚,国民党统治中国20多年,事实上仅使国家大体上统一并再造了国家新的高层机构。国民党在基层的国家政权建设努力并不成功,在其败退台湾前最多使县下的区一级实现了半官僚化。而新中国成立不到 10 年,中国共产党就通过社会革命与其高效的组织能力,将自上而下的政治轨道插入社会的最底层。党的组织不仅在城市伸延,而且下渗入村(支部建在村上),实现了对中国基层社会的有效整合与领导。这样,中国自上而下的政治轨道,就以党的组织为骨架、以党政合一为组织形式,实现了对整个社会的纵向贯通。然而,与自上而下的轨道建设形成鲜明对照的是,中国自下而上的政治轨道建设却相对滞后。目前,中国尚缺对基层政权的有效控制及在国家的上下机构之间敷设法制性的联系。在毛泽东时代,防止党政干部脱离群众和保持政治上下通畅的办法是发动一系列群众性政治运动。然而,在每一次群众运动造成的巨大混乱以后,我们不得不靠更大的权力集中来解决问题。今天,固然群众运动停止了,但中国基层在权威形态上仍未完成现代转型。一般民众只能通过非正式的渠道(如上访)来施加影响,其对基层政权的监督效果如何可想而知。基层民众政治参与不畅,就无法有效约束公共官员,从而抑制引起人民广泛关注的日益扩大的腐败。于建嵘先生就指出:"目前很多地方政府,既不是中央的地方政府,也不是人民的地方政府,而只是地方官员的政府。"[1]因此,解决此问题的根本途径,只能是基层政权的监督主体由上级变为民众。监督手段由非正式制度变为正式的制度约束。也就是,在约束基层公共官员上,要进行由下到上的现代政治轨道重铸,切实加强人民民主的制度建设。基层政府官员的产生,只有变上级任命而为真正的民众选举,基层政府向民众负责的制度才能切实建立起来。

当然,在一个后发现代化国家,进行政治上的民主转型是极为艰难的,这要经历一个相当长的历史过程。因为,后发现代化国家的转

---

① 于建嵘:"治乱与治吏",《同舟共济》2008 年第 11 期。

型,需要强有力的政治权威作支撑。也就是说,"为民做主"进入新社会后在较长的时期内可能还是需要的,但要加强确保官员为民做主的制度建设,并逐步由为民做主过渡到真正的人民民主。曹锦清先生20世纪90年代中期在中原农村调查后指出,中国"为民做主"的政治传统与西方"民主"传统,在"代表"的程序上是有重大区别的,但在实质上是否存在着一定的贯通之处吗? 这一问题,直接关涉到在中国乡村建立怎样的"民主政治",以及怎样建设这一具有"中国特色"的"民主政治"问题。中国乡村的民主建设可以分两路进行。一是替"为民做主"建立有效的制度保障。要建立一套防止不为民做主,甚至以权谋私、侵剥村民的制度设施。能否在这方面进行制度创新,直接关涉到地方政权的代表能力问题。二是在行政村一级推行直接民主制。一个真正的"为民做主"者理应真心实意培育广大村民的自我做主精神,一旦村民学会自我做主,便无需再替他们做主了①。曹锦清先生的分析固然是针对乡村而言,但其对整个国家权威形态的转型发展似也不无启发意义。

中国权威形态的民主转型,最为根本地体现在官员的产生模式上。我们可通过官员产生模式之创新,实现中国的渐进政治发展。中国的官员产生模式创新,需将"为民做主"(选拔)与"人民民主"(选举)以及"党内民主"与"社会民主"的互动结合起来。未来中国的民主发展会怎样? 郑永年先生认为,可能是选拔与选举的结合。选拔是中国传统,而选举是现代民主形式。选举不能保证领袖人物的质量,要先选拔,后选举。中国正在往这个方向发展。未来中国的民主会结合三个主要因素:自上而下的党内选拔(党内民主),自下而上的社会认可(社会民主),执政党和社会在法律框架内的有序互动(宪政民主)②。目前,我们的民主探索似正往这一路上走。共产党赢得

---

① 曹锦清:《黄河边的中国》,上海文艺出版社2000年版,第77页。
② 郑永年:《中国模式:经验与困局》,浙江人民出版社2010年版,第96页。

人民认同,体现其代表性的逻辑和机制,保持了党的先进性和加强了执政能力建设。党越先进,就越能得到人民的认同,并经受住现代民主的考验。目前,中国共产党正在探索通过加强先进性与执政能力建设,而与现代民主形式合拢的路径。党的十七届四中全会强调"党内民主是党的生命",明确提出要"以保障党员民主权利为根本,以加强党内基层民主建设为基础,切实推进党内民主"。四中全会还非常醒目地强调,要逐步将基层党组织领导班子的产生建立在党员的直接选举基础上,要"完善党内选举办法,改进和规范选举程序和投票方式,改进候选人介绍办法。推广基层党组织领导班子成员由党员和群众公开推荐与上级党组织推荐相结合的办法,逐步扩大基层党组织领导班子直接选举范围。党的任何组织和个人不得以任何方式妨碍选举人依照规定自主行使选举权。"并且,要"以党内民主带动人民民主"的发展。目前,党在基层通过"两票制"选举探索,已经取得党内民主与社会民主成功互动的经验。这种经验很有可能逐渐往政治的上层结构推广开来。

三、走渐进民主之路

前已所述,中国是后发现代化国家,社会转型需要强大的政治权威作支撑。这也决定了中国的政治发展,必须走有领导有秩序的发展道路。中国的政治发展道路,不同于西方早发国家。西方是在封建社会解体的过程中,逐渐产生自主的个人,形成自由经济。西方近现代的民主政治,是这一自由经济自然发展的产物。而中国迈向现代化,事先没有自由社会,只能走党的领导与国家推动的道路。因此,走渐进的民主政治发展之路,是中国的历史性选择。关于中国的渐进民主之路,学者有各种各样的分析与表述。萧功秦先生有从权威主义到后权威主义再到民主政治的路径分析,俞可平先生有增量民主的理论阐述,胡伟先生最早提出从党内民主到社会民主的路径选择①,等等,不一而足。

目前,中国在民主政治发展模式上,已经走出了自己的路子,中国的民主政治发展已经具有较好的经济与社会基础。这主要表现在如下三个方面:一是形成了开放型的经济。中国的经济发展是市场导向和外向型的,市场化和全球化造就了开放型的中国经济②。二是形成了有限多元型的社会。萧功秦先生指出,改革后的中国,不但在经济领域内存在多元化,而且在其他非政治领域内,有限的多元化已经出现。社会文化、教育、娱乐、学术研究、非政治的社团,作为"第二文化",与政府主导的"第一文化"平行地共存。这些自主的社会建制、组织,如果进一步发展,形成网络,就会形成一种具有中国特色的、新兴的健康而充满活力的市民社会③。今天,中国社会的多元化正在稳步向前发展,而民主政治是社会利益多元发展的必然产物。三是中国已有了自主的个人。中国改革开放的过程,就是社会资源由国家控制向家庭和个人回流的过程,公民个人开始有了自主的生产资源、房产与个人自由,并得到"物权法"等法律的日益坚强的保障。所有这些已经构筑起中国民主政治进一步发展的坚实基础。

中国民主政治的渐进发展之路,主要表现在如下几个方面:一是逐步扩大基层民主。如何发展民主政治,是自上而下抑或自下而上,就有一个选择什么样的方式与步骤的问题。从欧美国家的情况看,走的是自上而下的道路。无论是英国的资产阶级革命,还是法国的资产阶级革命,资产阶级推翻封建统治以后,都立即开展普选,通

---

① 参见萧功秦:《中国的大转型》,新星出版社 2008 年版;俞可平:《增量民主与善治》,社会科学文献出版社 2005 年版;胡伟:"中共党内民主与政治发展",《复旦大学学报》1999 年第 1 期。

② 郑永年:《中国模式:经验与困局》,浙江人民出版社 2010 年版,第 94 页。

③ 萧功秦:《中国的大转型》,新星出版社 2008 年版,第 237 页。

过议会民主掌握政权。全国确立了普选的民主制度，然后再推到地方①。中国作为后发现代化国家则不同，而是走自下而上的民主发展道路。先在基层积累民主发展经验，待到成熟后再由下逐层往上推进。二是以扩大党内民主带动人民民主。中国既不走西式多党政治道路，又要消化多元的社会政治利益，其方法是将多元社会利益"内部化"，即把外在的多元利益容纳于执政党之内，在体制内实现利益表达、利益代表和利益协调②。这种民主发展的先党内后社会，与西方民主发展路径就有很大不同。在西方发达国家，由于议会民主建立在前，政党产生在后，西方民主的发展重点与次序是，公民先享有社会民主，然后逐步推动政党实行党内民主③。西方政党的"干部党"、"精英党"的色彩就逐步退去，而变为所谓的"人民党"。中国作为后发现代化国家，一开始既无社会民主，也无政党民主，而作为中国社会转型强大支撑力量的中国共产党，如果其本身不实行民主，那么，整个社会的民主架构就是空的。因此，当代中国要优先发展党内民主，然后以党内民主带动人民民主发展。三是民主的制度化与规范化。中国的民主发展每推进一步，民主的制度规定就要跟进一步。俞可平先生指出，所谓民主，就是一系列保证公民实现自由、平等和其他权利的制度和程序。一部规定"主权在民"的宪法固然是重要的，但仅有规定公民民主权利的法律而没有实际措施，这些法律就是一纸空文。对于现实的民主政治而言，宪法和法律的条文固然重要，但更重要的是对这些条文内容的动态控制以及实现这些条文的实际程序④。没有程序民主，就无实质民主，当代中国要高度重视程序民主建设。

---

① 许耀桐：“中国民主发展模式的五大特色”，载唐晋编《政治模式》，人民日报出版社2009 年版，第 34 页。

② 郑永年：《中国模式：经验与困局》，浙江人民出版社 2010 年版，第 95 页。

③ 许耀桐：“中国民主发展模式的五大特色”，载唐晋编《政治模式》，人民日报出版社2009 年版，第 34 页。

④ 俞可平：《增量民主与善治》，社会科学文献出版社 2005 年版，第 138 页。

当然,民主渐进与民主突破并不矛盾。俞可平先生认为,中国的"增量民主",是在原有"存量"的基础上,不断形成新的增长,它是渐进的、缓慢的,不是突变,但需在原有的基础上不断有新的突破[1]。中国自下而上的推进基层民主的探索已有 20 多年,已经积累了不少经验教训。目前,在有些环节的政改试验不甚理想,可能是已到在关键部位寻求突破的时候了,也许县政改革是有效的突破口。

中国的基层民主推进有一路径选择问题,其初始选择必须正确,才能在此基础上走上规模报酬递增与自我强化的道路。然而,比较遗憾的是,我们将这一初始选择定位在行政村层面搞村民自治,但 20 多年的实践表明,效果似乎不理想。因为在行政村搞试验,存在先天不足与基础不牢的问题。首先,从发展大势看,随着社会转型和非农化的加速发展,现有的行政村和自然村很有可能会逐步消失;其次,由于大量青壮年农民常年在外务工,使村民自治的开展丧失主体性支撑力量;再次,税费改革后,村治组织已无多少实质性功能,成为夹在国家与农民之间的空壳子,村民自治就走向纯形式化;最后,由于村大多为自然的聚落,加之由于人口流动、繁衍以及天灾人祸等原因,历史上从来没有稳定过。很清楚,由于村级组织的社会构造极不稳定,在村级层面进行民主试验,成果就不易沉淀下来。

既然村级层面不理想,那么,这种试验挪到乡镇层面会如何? 确实,随着农村改革发展,农民的利益已由家庭、村庄延伸到乡镇。乡镇政府的作为与农民的利益关联度越来越大,包括 20 世纪 90 年代农民负担的不断加重、税费改革后征地扩大引发的土地纠纷,以及新时期(尤其是废除农业税后)中央支农惠农资源的分配,在所有这些作为中乡镇政府都扮演着重要角色[2]。正是这一背景和发展态势,引发了乡镇民主的政治试验(1998 年四川省步云乡率先进行了乡长的

---

① 俞可平:《增量民主与善治》,社会科学文献出版社 2005 年版,第 137—138 页。

② 徐勇:"延伸与扩展:乡镇民主的启动与突破",《探索与争鸣》2009 年第 4 期。

直接选举试验）。乡镇长直选,实际上是中国自下而上的轨道重铸在乡镇层面的试验。然而,试验也不甚理想,结果一度停顿下来。之所以出现这种情况,有如下几点原因:一是中国乡镇政府的独立性很弱,其更像是县级政府的派出机构,基层民众与其说受乡政府影响,不如说更受县政府影响;二是乡镇的组织构造极不稳定且远未定型,目前的"乡镇合并"运动更使其处于过渡之中;三是乡镇政府是现代革命的产物,是存是废,目前仍存在巨大争议。

也许,县政改革才是真正的突破口。很清楚,中国传统的双轨政治下行轨道的终点和上行轨道的起点均为县级政府,目前中国启动自下而上的政治轨道重铸(只能是推进现代民主的方式)的最佳路径选择,也只能在县级层面寻求突破。县级组织是真正经受住历史考验的中国社会基层的政治中心和服务中心,也是目前政府层级中对基层民众影响最大和最为关键的一层,如果在这里铺设上现代的双向政治轨道,当代中国政治的面貌将会有根本性改观,官员对上而不对下负责的形象将会彻底改变,当代中国许多棘手的问题也将迎刃而解。另外,县是政治改革和政治试验的最为理想单位。乡、村"麻雀虽小"算得上,但"五脏俱全"却不够格。县才是真正的"五脏俱全",党委、政府、人大、政协、纪检五套班子都有,各种协会、商会等也俱在。因此,县级政改(自下而上政治轨道在县铺设)一旦成功,对往上层推进也有示范和引路的重要意义。邓小平 1987 年在会见香港特别行政区基本法起草委员会委员时,明确指出:"大陆在下个世纪,经过半个世纪以后可以实行普选。"①自下而上政治轨道铺设到县的重要标志,是行政官员直选到县(要探索县级党政"两委"合一基础上的直选制),从而让全县选民真正形成对县级官员的选择压力。果真如此,对基层社会影响最大的县级官员的行为模式(对上负责而不对下负责)将得到彻底改观,县级官员在日常公务行为中自然(也是不

① 《邓小平文选》第三卷,人民出版社 1993 年版,第 220 页。

得不)要体现全体选民的意愿,否则,将面临下台的威胁。

民主于今日已成为世界性潮流,浩浩荡荡。正如燕继荣先生所讲,随着 20 世纪八九十年代民主化"第三次浪潮"的到来,民主化已成为政治发展研究的核心议题和重要内容。民主既是普遍的,即它具有的某些核心内容可以适用于全球;同时它又是特殊的,即所有国家和地区都以各自的方式实践着民主。民主是社会发展过程中民众的必然要求,民主化是全球化背景下民众与当局博弈的过程和结果。所以,正确的态度是顺应民主化发展的世界潮流,通过积极进行政府创新来拓展有效的政治发展空间,寻求和培育新的制度生长点,逐步建构一种能够应对民意挑战的政治体系,这样才能化解民主化等方面的压力,走出民主的困局①。今天,中国的民主政治发展已有较为稳固的经济基础(市场经济)与社会基础(自主的个人)。当然,中国国家之大,地方复杂,不走西式民主道路。县政民主可能是中国民主发展最为可行的选择。也就是说,在很长一段时间里,县政实行直接民主,而在县级以上,实践间接民主②。我们只有坚定地稳步推进中国民主发展,才能创造性地解决中国问题,中国才有更为光明的未来。

---

① 燕继荣:"民主之困局与出路",《学习与探索》2007 年第 2 期。
② 郑永年:"中国政治改革要从县政开始",《联合早报》2009 年 6 月 5 日。

第九章
从权力政治到政治文明

众所周知，权力是政治的核心现象，政治就是围绕公共权力来组织的。不管任何时代，权力不受制约，必然腐败。人类政治发展的历史使命是控驭权力，防止公共权力发生异化与腐败。从权力政治到政治文明，是人类政治发展的一般路径。

一、权力政治与政治文明

众所周知，政治与权力息息相关。孙中山先生曾讲："政就是众人之事，治就是管理，管理众人之事，便是政治。"[①]可见，政治存在于人群之中，而管理人群就需要公共权力。因此，政治是围绕（公共）权力展开的。德国社会学家韦伯指出，权力就是在社会交往中一个行为者把自己的意志强加在其他行为者之上的可能性，而政治则是追求权力的分享、追求对权力的分配有所影响[②]。美国政治学家达尔也指出，政治总以某种方式涉及权威、统治或权力，而权力概念是政治分析的中心[③]。可以看出，（公共）权力属于影响力范畴，是人群中的

---

① 《孙中山选集》下卷，人民出版社1981年版，第661页。
② 韦伯：《学术与政治》，广西师范大学出版社2010年版，第199页。
③ 罗伯特·达尔：《现代政治分析》，上海译文出版社1987年版，第16、31页。

一种强制性影响力,因此,争取和掌握权力对人就具有极大的诱惑性。明代著名官员吕坤讲得清楚:"权之所在,利之所归也。圣人以权行道,小人以权济私。在上者慎以权与人。"①权力是一个能带来利益的"好东西",争权夺利势在难免,问题的本质是权力能否被控驭。美国政治学家拉斯韦尔讲得直白:政治学"研究权力的形成与分享",而"政治行为则是觊觎权力而采取的行为"②。由于政治的客体是权力,而争取和分享权力则是一种十分高级复杂的活动,是只有人才有的,因此,正是在这个意义上,政治才是人的本质性活动。亚里士多德很早就指出:人类在本性上是一个政治动物,不像其他动物,赋有 logos(即理性),能够区别善恶,自己治理自己③。正因为人有理性,才能从事以权力获取与使用为表征的自我治理的政治活动。马克思的一个非常重要的论断也常被人们忽视,这就是:"人是最名副其实的政治动物,不仅是一种合群的动物,而且是只有在社会中才能独立的动物。"④可看出,人类与政治有不结缘,人类只有在政治发展中,才能不断趋于完善并完成自身的历史使命。

当然,由于公共权力是最难驯服的一个怪物,因此,政治就以控驭权力的程度为准而有低级与高级之分。(公共)权力如不能得到有效控制,权力运行无规则可循,公共权力就可能蜕变为私家权力,这种政治形态就是权力政治。在权力政治中,是为权力而权力,一切以夺取和掌握权力为依归,弄权的目的只能是私利。当然,人类在漫长的历史过程中,会不断积累控驭公共权力的经验,政治文明的程度就不断往前推进。然而,公共权力真正得到有效控制,还是近代以来的事情。

在传统的政治形态中,公共权力得不到有效控制,权力运用就讲

---

① 吕坤:《呻吟语·治道》。
② 拉斯韦尔、卡普兰:《权力与社会》,耶鲁大学出版社 1950 年版,第 240 页。
③ 斯东:《苏格拉底的审判》,三联书店 1998 年版,第 44 页。
④ 《马克思恩格斯全集》第四十六卷上,人民出版社 1979 年版,第 21 页。

究权术。传统中国儒家行政，主上行下效，所谓"政者，正也"，"民可使由之，不可使知之"者是也。黄仁宇先生指出，传统中国所设计的制度和行政的方式，是倒金字塔式的，上重下轻。朝廷中半宗教性的安排增强了皇帝的地位。他是人世间最后的权威，他的仲裁带有神权的判断力量。朝廷之中毫不含糊，也从不间断地举行各种仪式以强调皇帝宝座的神秘性格，以致构成一种弄假成真的信仰。这样一来，如果有任何争执找不到确切的解决办法时，有了以上的安排，则皇帝的仲裁自然有效①。传统政治主要是一种社会上层的权力游戏，与社会下层难以形成互动。颇谙治道的明代吕坤就说："使天下之人者，惟神、惟德、惟惠、惟威。神则无言无为而妙应如响，德则共尊共亲而归附自同。惠则民利其利，威则民畏其法，非是则动众无术也。"②神、德、惠、威，乃君上御下四法也。中国法家用权，更是讲究法、术、势。商鞅、管子重法，"有道之君，善明设法而不以私防者也"③；申不害言术，"法不足以治则用术"，"术者，人君之所密用，群下不可妄窥"④；慎到讲势，"尧为匹夫，不能治三人。而桀为天子，能乱天下。吾以此知势位之足恃，而贤智之不足慕也。"⑤而战国末期的韩非子，则集法家之大成。他说："明主之行制也天，其用人也鬼。天则不非，鬼则不困。势行教严逆而不违……然后一行其法。"⑥明主像天，因为他依法行事，公正无私。明主又像鬼，因为他有用人之术，用了人，人还不知道是怎么用的。这是术的妙用。他还有权威、权力以加强他的命令的力量。这是势的作用⑦。这三者"不可一无，皆帝王之具也"⑧。可以说，儒家与法家均为传统中国提供治术。传统中国

① 黄仁宇：《中国大历史》，三联书店 1997 年版，第 52, 201 页。
② 吕坤：《呻吟语·治道》。
③ 《管子·君臣》。
④ 梁启超：《先秦政治思想史》，天津古籍出版社 2003 年版，第 164 页。
⑤ 《韩非子·难势》。
⑥ 《韩非子·八经》。
⑦ 冯友兰：《中国哲学史》，北京大学出版社 1996 年版，第 136 页。
⑧ 《韩非子·定法》。

在国家治理上,是礼刑并用,最多则是德主刑辅。明代吕坤讲得明白:"刑、礼非二物也,皆令人迁善而去恶也,故远于礼则近于刑。"①去刑不用,乃理想主义,是不要国家也。当然,具体到怎样用权,则君有君术,臣有臣术,上下官员各有做官之术。

在此种权力政治形态下,易产生争权夺利的政客,而难有政治家。韦伯就以是否把政治当作事业为准,将从政者分为两种人:一是"靠"政治生存(政客),二是"为"政治而生存(政治家)。前者"靠"政治吃饭,后者"为"政治而活②。正因为在权力政治下,公共权力得不到有效控制,觊觎权力、靠政治混饭吃的政客才所在多有,他们上下其手,弄权自肥。固然,传统中国的文官是受有儒学训练、有意识形态信仰的官员,但他们一旦进入唯上不唯下的"官员代理"的权力结构,行为就难免要发生变形。易中天先生指出,中国帝国制度有三大特征,即中央集权、伦理治国和官员代理,其中最主要的是中央集权。这就决定了帝国的各级官员,只可能是皇权的代理人,不可能是民众的代言人。从最底层的州县官员往上,有分层的监临的上司。正是这些上司和上司的上司而不是民众,决定着他们的前程。也就是说,一个官员要想青云直上飞黄腾达,关键在于其上司的赏识和提携。这样,几乎每个下级官员都懂得一个道理,就是必须和上级搞好关系。问题在于,上级轻而易举地就能给下级带来好处或造成伤害,下级却很难利用手中的权力给上级带来什么实惠,除非他以盘剥百姓所得来孝敬上司。尽管要孝敬上司就难免会伤害民众,但是,在孝敬上司和保护民众之间,许多官员都会毫不犹豫地选择前者。而上级地方官之所以要接受下级的孝敬,则是因为他要笼络京官、打发钦差,这是许多正派的地方官(如林则徐)也不得不收取陋规的重要原因之一。下级必须孝敬上级的原因很简单,就因为上级是"牧官之

---

① 吕坤:《呻吟语·治道》。
② 韦伯:《学术与政治》,广西师范大学出版社 2010 年版,第 210 页。

官"。自己的乌纱帽甚至小命，都捏在上司的手里。同样，身为一二品大员的督抚之所以要笼络京官，包括那些级别比自己低的京官和没有级别的太监，则无非因为他们比自己更接近权力的中心。权力，是所有这一切的总指挥和总导演。实际上所谓的"官场陋规"，就完全是按照权力和权力关系来设计和实施的。只要存在着权力关系，就同时存在着陋规，而不拘对方是官是吏，是何级别①。因此，在这种唯权是瞻、权力又缺乏制约的权力政治下，官员的普遍腐败几乎难以避免，所谓的"三年清知府，十万雪花银"者便是。

在权力政治形态下，从政还具有极高的风险，甚至身家性命都难保证。不讲太远，就以明朝为例。皇帝是很难伺候的，古语早有"伴君如伴虎"之说。嘉靖四十四年（1565），世宗病重。太医徐伟遵诏前往医治。世宗坐在小床上，龙袍拖在地上。徐伟怕踩着龙袍，远远地站住，不往前走。世宗非常奇怪。徐伟说："皇上龙袍在地上，臣不敢进。"诊视完毕后，世宗给阁臣们下了一道手诏，说："徐伟刚才说'地上'，最能体现他的忠爱之情。地上，人也；地下，鬼也。"徐伟听内阁大臣这么一说，吓出一身冷汗。刚才若是无意中说"龙袍在地下"，恐怕自己早已先变成鬼了。不要说徐伟这类小人物，就连位高权重甚至宰相者，在皇帝面前往往也战战兢兢。明朝第一权奸、向来善于阿谀逢迎的严嵩，就因一言不慎，得罪了皇帝，从此失去了恩宠。樊树志先生就此事的来龙去脉作了分析：嘉靖皇帝为了学道潜修，长期住在西苑永寿宫。嘉靖四十年十一月二十五日夜里，一把大火，把永寿宫化作一片废墟。朝廷大臣有的主张修复永寿宫，有的主张皇帝迁回大内（紫禁城），议论纷纭。皇帝征求严嵩的意见，严嵩既不同意修复永寿宫，也不同意迁回大内，而主张皇帝暂时居住南宫（重华宫）。皇帝大为恼怒：南宫这个不祥之地，先前是景帝幽禁英宗的场

① 易中天：《帝国的终结》，复旦大学出版社2007年版，第174、176页。

所,严嵩似乎有"幽禁"我的意思①。朱元璋时期,统治更为恐怖。皇帝直接参与制造了株连广泛的"胡蓝党案",结果功臣及其家属前后被杀共计三万余人②。在帝制形态下,固然做大臣的不安全,但就连掌握最高权力的皇帝也常有灭顶之灾。明朝皇帝除去被外族打进来活捉及被农民起义推翻的不说,仅是被内部自己人搞死或险些被搞死的就有两位。一是建文帝朱允炆:建文四年(1402),其叔父朱棣率部攻陷南京后,建文帝不知去向(一说自焚,一说逃亡);二是嘉靖皇帝朱厚熜:嘉靖二十一年(1542)十月二十日晚,发生"壬寅宫变",杨金英、刑翠莲等几名宫女,用黄绫几乎将嘉靖皇帝给勒死。

在传统的权力政治形态下,国家最高统治权的交接也充满变数,凶险难测。如围绕万历皇帝的继承人问题,就发生了震惊朝野的"梃击案"与"红丸案"。按明朝制度,皇位传承坚持嫡长制,据此万历皇帝应立长子朱常洛为太子。然而,万历皇帝宠爱郑贵妃,欲立她生的儿子福王朱常洵为太子。群臣认为此乃国本,不能乱来,据理集体抗争。为此,皇帝与大臣之间展开了一场旷日持久的拉锯战。因而朱常洛始终处于宫廷阴谋争斗的旋涡中,就在其老大不小勉强被册立为太子后仍如此(他的太子地位随时都受到潜在威胁)。在这种背景下,万历四十三年(1615)五月初四,发生了有人持棍打入太子居住的慈庆宫的事件,是谓"梃击案"。朱常洛在群臣的力保之下,最后好不容易于万历四十八年(1620)八月初一坐上了皇帝。然而,他太不争气,当上皇帝没几天就病了,而且病得越来越重。接下来,相继发生崔文升(郑贵妃亲信太监)十四日进泻药和鸿胪寺丞李可灼二十九日进红丸(所谓仙丹)事件。光宗朱常洛于二十九日先后服用两例红丸后,第二天(九月初一)就暴毙身亡。这就是所谓的"红丸案"。朱常洛当皇帝仅一个月,成为明朝历史上在位时间最短的皇帝。两案表

---

① 樊树志:《权与血——明帝国官场政治》,中华书局2004年版,第41—42页。
② 同上书,第9页。

明,权力交接过程,阴云密布,险象环生。

公元 1912 年 2 月 12 日,清朝最后一位皇帝溥仪退位,中国的帝国制度彻底寿终正寝。虽然自此皇帝走了,但中国久远的权力政治的传统与影响仍在。肃清此"封建遗毒"的历史任务,仍极为艰巨。邓小平明确指出:"旧中国留给我们的,封建专制传统比较多,民主法制传统很少。"①新中国成立后,由于权力过分集中的问题没有引起足够重视,旧的权力政治现象在新社会仍不时露头甚或发展。1980年,邓小平在著名的"党和国家领导制度的改革"的讲话中,明确指出:"从党和国家的领导制度、干部制度方面来说,主要的弊端就是官僚主义现象,权力过分集中的现象,家长制现象,干部领导职务终身制现象和形形色色的特权现象。"②这些现象,讲得白一些,都是公共权力运行缺乏规则制约的权力政治现象。他坦率地说:"我们过去的一些制度,实际上受了封建主义的影响,包括个人迷信、家长制或家长作风,甚至包括干部职务终身制。"③邓小平毫不客气地指出:"不少地方和单位,都有家长式的人物,他们的权力不受限制,别人都要唯命是从,甚至形成对他们的人身依附关系。"④针对这种缺乏规则制约的权力政治现象,邓小平敏锐地直指其病根,他说:"我们的党政机构以及各种企业、事业领导机构中,长期缺少严格的从上而下的行政法规和个人负责制,缺少对于每个机关乃至每个人的职责权限的严格明确的规定,以致事无大小,往往无章可循,绝大多数人往往不能独立负责地处理他所应当处理的问题,只好成天忙于请示报告,批转文件。"⑤走出权力政治困境的根本之路,他指出关键在制度,"必须使民主制度化、法律化,使这种制度和法律不因领导人的改变而改变,不

---

① 《邓小平文选》第二卷,人民出版社 1994 年版,第 332 页。
② 同上书,第 337 页。
③ 同上书,第 348 页。
④ 同上书,第 331 页。
⑤ 同上书,第 328 页。

172

因领导人的看法和注意力的改变而改变"①。这也就是公共权力运行,从无规则的权力政治到有可靠规则制约的政治文明发展的过程。

邓小平提出推进"党和国家领导制度的改革"已过30年,今天,我们是否已有效完成了小平同志交代的任务?应该说,改革开放以来,中国的政治发展是沿着保障"私权"和限制"公权"的道路一路走来,并不断取得一个又一个重大进步。然而,有效制约公共权力、消除权力政治现象,是极为艰巨的历史任务,今后我们仍有很长的路要走。赵树凯先生通过考察当前地方政府的实际运行过程后,指出:"政府运行的重要机制是非正式规则主导下的'个人运作',或者说政府部门的运行已经被植根于政府内部的人际关系结构中。虽然说起来,政府的各种审批、许可都有明确的原则规定。但是实际上,在职位安排、项目批准、资金拨付等若干方面,事情的成败主要依靠政府内部的个人交往,或者说是'关系',是官员个人的社会资本。在'关系'的作用下,政府部门特别是上下级单位,工作互动被私人化,公事要当成私事办才办得通;而上级重要人物的个人要求则成为下级的重要职责内工作,私事要当成公事办,才能维持好与重要上级部门的关系。在相近领导、同级官员、直接上下级之间,充斥着个人色彩浓厚的讨价还价。讨价还价成为政府部门工作的重要方式,不仅存在于政策制定过程中,也存在于政策执行过程中。不同政策相互间不衔接,政府权力往往被用于谋取私利,而且许多私利介于合法与非法的灰色地带。在这样的政府运行过程中,正式的制度规范往往成为摆设,难以建立有效的法律框架,无法形成共同的价值和公认的程序。"②一句话,政府权力运行的"个人运作"模式,仍与现代法治原则存在根本的内在冲突。正如《联邦党人文集》第五十一篇所说:"在组织一个人统治人的政府时,最大的困难在于必须首先使政府能管理

---

① 《邓小平文选》第二卷,人民出版社1994年版,第146页。
② 赵树凯:"基层政府的体制症结",《中国发展观察》2006年第11期。

被统治者,然后再使政府管理自身。毫无疑问,依靠人民是对政府的主要控制;但是经验教导人们,必须有辅助性的预防措施。"①不能控制政府,就不可能走出权力政治的阴霾。

总而言之,在人类历史的大部分时期,人类一直处于权力政治形态下。在这一政治形态中,公共权力的可控性很差。当然,伴随政治文明的不断发展,公共权力的运作最终会由权力政治转化为一种有规则的文明游戏。

二、政治文明的本质是解决公共权力归谁所有和如何使用的问题

马克思生前留下的文字中有"政治文明"这一概念,他提纲式地写道:"执行权力。集权制和等级制。集权制和政治文明。联邦制和工业化主义。国家管理和公共管理。"②从字面分析,显然是从公共权力角度谈政治文明,至于这一概念的具体内容,马克思并未细加解释。因此,欲对这一概念有所了解,需从国家和政治的本质谈起。

在国家问题上,马克思、恩格斯有两个非常重要的论断:一是"国家是文明社会的概括"③,二是"国家的本质特征,是和人民大众分离的公共权力"④。与旧的氏族组织相比,国家的鲜明特征是在按地区划分居民的基础上公共权力的设立。恩格斯指出:"这个特殊的公共权力之所以需要,是因为自从社会分裂为阶级以后,居民的自动的武装组织已经成为不可能了。""这种公共权力在每一个国家里都存在。构成这种权力的,不仅有武装的人,而且还有物质的附属物,如监狱和各种强制设施,这些东西都是以前的氏族社会所没有的。"而

---

① 汉密尔顿、杰伊、麦迪逊:《联邦党人文集》,商务印书馆1980年版,第264页。
② 《马克思恩格斯全集》第四十二卷,人民出版社1979年版,第238页。
③ 《马克思恩格斯选集》第四卷,人民出版社1972年版,第172页。
④ 同上书,第114页。

且这种公共权力一经产生,就与大众发生了分离,"雅典民主制的国民军,是一种贵族的、用来对付奴隶的公共权力,它控制奴隶使之服从"①。

既然国家的本质是和人民大众分离的公共权力,而政治按列宁的解释是对国家事务的参与、管理②,那么政治就是围绕公共权力展开的,其核心就是处理公共权力归谁所有和如何使用的问题。公共权力的运作本身有其固有的逻辑,不受约束必然膨胀发生背离"公共"的异化,因而,任何社会对待公共权力,都不会完全放任自流,都会从体制方面做出一定的限制(不加限制,在阶级社会里整个阶级之"公"就会受到触及和损害)。如何确保公共权力始终为着"公共"目的(不同时代"公共权力"体现和维护的"公"的性质与范围不同)恰当而有效的使用,就成为一个社会的关键问题。公共权力的占有、配置和运作状况决定了一定社会中个人权利和自由的限度,也决定了一个社会的政治形态与政治发展模式。政治文明就是人类在处理公共权力归谁所有和如何使用问题上取得的智慧和成果,它在很大程度上反映了一个社会、国家的文明水平。人类在不同阶段创造的政治文明成果也就相应包括两个方面,一是解决公共权力归谁所有问题(或谓公共权力合法性)上取得的智慧和成果,二是解决公共权力如何使用问题上取得的智慧和成果。

在解决公共权力的合法性问题上,不同时代有不同的智慧和评价标准。在古代,权力的合法性存在于人与神的关系之中,公共权力的产生只有被解释成神的意志的产物才是合理的。这种合法性论证表现在观念形态上,主要是各种形式的"天命论"、"君权神授论"。帝王是真龙天子,是上天的代表,其统治的权力是上天授予的。这种统治的权力一经产生,就要由其亲子一代一代传承下去,不能发生篡

---

① 《马克思恩格斯选集》第四卷,人民出版社 1972 年版,第 167 页。
② 列宁曾对政治下过一个经典性定义:"政治就是参与国家事务,给国家定方向,确定国家活动的方式、任务和内容。"见《列宁文稿》第二卷,人民出版社 1978 年版,第 407 页。

逆,否则就是不合理的。在亿万臣民中,帝王君临天下乃天意的信念,更是通过帝王和他的大臣经常举行的各种庄严的仪式(如祀天拜祖仪式等)得到强化和巩固。这些观念认识和仪式安排等在社会文化中沉淀下来,就构成公共权力合法性问题上的古代政治文明。

以后,随着社会的发展,人们逐渐认识到"天命论"不能提供国家长治久安的合法性基础,因为在它的观念结构中,内含着"受命改制"、"闻诛一夫纣矣,未闻弑君也"的逻辑。而且权力转移方面的父传子现象,也使权力与血缘挂上了钩,带上了自私性,公共的权力变成了私家的权力("家天下"就是这种情况的生动写照),权力基础变得狭隘、脆弱和不稳定。中国历史发展之所以没有能走出王朝循环更替的怪圈,原因恐怕就在于它始终没有形成关于政治合法性的新的理论①。

到了近代,取代"君权神授论"来为公共权力的合法性作论证的,是以社会契约为基础的人民主权论。人们开始从"人的眼光"观察问题,认为所有的人都是生而平等的,享有生命、自由、财产等与生俱来的不可让渡的权利,人们正是为了保护自己的这些天赋权利才通过契约成立政府。主权属于人民,治权由人民委托给政府。公共权力合法性的基础不再是神意,而是基于人民对"统治的同意"。从"君权神授论"到"人民主权论",是人类在解决公共权力合法性问题上取得的政治文明发展的历史性成果。

时至今日,以社会契约、人民主权为基础的民主政治,已经成为评价政府体制的一个主要标准而不只限于一种政体形式。回顾民主发展的世界性进程,可见民主的最基本含义只是一种解决权力合法性问题的方法与制度。正如熊彼特所说的:"民主方法是为了达到政治决定的一种制度上的安排,在这种安排中,某些人通过竞争人民的

---

① 燕继荣:"民主之困局与出路",《学习与探索》2007年第2期。

选票而得到作出决定的权力。"①民主所关注的并不是由谁来统治的问题,而是"取得和行使权力的方式"。今天,民主作为世界性潮流,已经成为民众普遍接受的有关政府构成方式的唯一合理的解释。除非能够说服民众放弃这样的观念,否则,不可能找到遏制和抗拒的办法②。可见,近代以来创制的定期选举领导人的民主宪政程序,为彻底终结传统的以暴易暴的王朝循环开辟了历史性道路。

在解决公共权力合理使用方面,古代和近现代在认识标准、方法智慧方面也存在重大差异。如果公共权力的行使可以为所欲为而不受任何约束,那在任何时代都不能称之为政治文明③。绝对的专制在历史上,正如绝对的民主,都是不曾有过的。皇帝想杀谁就杀谁,想做什么就做什么,远远不是那么回事,不然万历皇帝就不会在朝臣面前罢工二十年了④。中国古代皇权的行使也受多方面的限制(固然还不是刚性的),其一来自"上天"。"君权神授论"有为皇权的合法性作论证的功用,但并不是一味地"崇君",也内含着"屈君"的一面,正如董仲舒在《春秋繁露》里所讲"屈民而伸君,屈君而伸天,春秋之大义也"⑤。君王不尊天意、任性乱为,上天必将震怒,并通过灾异发出警告,要其改正。其二来自道德体制。"为政以德,譬如北辰,居其所而众星共之。"⑥德治乃古代中国为政之本,国家治理"其秘诀在于运用伦理道德的力量使卑下者服从尊上,女人听男人的吩咐,而未受教育的愚民则以读书识字的人作为楷模。而这一切都要朝廷以自身的行动作出表率。"⑦儒家提出的"仁义礼智信"等伦理原则,在封建时代被抬升为亘古不变的"道",其地位实质上是高于皇权的,人主发号施令

---

① 熊彼特:《资本主义、社会主义与民主》,商务印书馆 1999 年版,第 395—396 页。
② 燕继荣:"民主之困局与出路",《学习与探索》2007 年第 2 期。
③ 李景鹏:"政治发展与政治文明",《学习时报》2002 年 10 月 18 日。
④ 黄仁宇:《万历十五年》,中华书局 1982 年版,第 87 页。
⑤ 董仲舒:《春秋繁露·玉杯》。
⑥ 《论语·为政》。
⑦ 黄仁宇:《万历十五年》,中华书局 1982 年版,第 21 页。

也要受其约束,否则统治的合法性就要受到怀疑甚至削弱。其三来自朝臣。以文官为基础的官僚制度是君主专制的支柱,他们只要意见一致,就是一种很强大的力量。"我们这个帝国有一个特点:一项政策能否付诸实施,实施后或成或败,全靠看它与所有文官的共同习惯是否相安无扰……如果没有取得他们的同意,办任何事情都将此路不通。"①其四来自皇权行使的烦琐仪式、程序。繁文缛节,场面庄严,固然使人振恐肃敬,但这套烦琐的程序也构成了对于皇帝一举一动的制衡,在事实上也构成了减少皇帝出行扰民的文化力量。其五来自宗族地方自治。在民间社会,士绅凭借宗法家族的实力形成了与政治国家的对峙。在现代社会属于公共权力范围的事务,有相当大一部分留在了家族内部,没有让渡给皇帝。皇权即使在最为强大的明朝,也不得不对于宗法家族势力范围的合法性予以承认。

因而,传统时代在制约皇权使用的过程中也形成了相应的程序、机制,积淀起一定的政治文明成果,但这些程序、机制还不太牢固,属于软约束的范畴,还没有对皇权的使用形成有效的制度化的钳制。

只有当法律由治民的工具变为限权的手段时,对公共权力的制约才能取得实质性进展。对王权的有效制约,是从在议会中争得自由发言的权利起步的。1576年,英国一个勇敢的清教徒波得·温沃思,因为胆敢在下议院自由发表意见而被系下狱。再过了一个世纪,才由权利法案牢固确立起自由发言的权利,不必再害怕引起国王的不快②。1688年,英国资产阶级发动光荣革命,通过《王位继承法》、《权利请愿书》、《人身保护法》等针对王权的法律的实施,对统治者的制约取得了突破性的进展。1787年美国宪法制定,开辟了以成文宪法规约权力使用的宪政时代。宪政与已往规约权力的方式不同,在于它包括如下法律理念:宪法法律至上、对公民基本权利和自由的

---

① 黄仁宇:《万历十五年》,中华书局1982年版,第52页。
② 斯东:《苏格拉底的审判》,三联书店1998年版,第253页。

规定和保护、对政府权力范围的限制、司法独立、违宪审查等等。宪政的出现是人类政治文明发展的一个重要里程碑,它为有效制约公共权力提供了最为可行的手段。对公共权力的成功制约,受益者固然是普通民众,因为他们不再遭受专横权力的涂炭,但是,执权者也同样能从中得益,因为在宪政体制下政治这一行业的安全系数大大提高,执权者虽然要忍受公众的挑剔和对手的责难,却不再因追逐权力而有生命之虞,他们的身家性命从未比在宪政体制下得到更有效的保障。

从人类政治文明的纵向发展看,公共权力的基础有一个从神意到民意的过程,对公共权力的约束表现为从软性到刚性、控制日趋严密的过程。

三、社会主义政治文明是人类政治
文明演进的必然结果

人类政治文明是一个不断发展演进的过程。政治文明发展的资本主义阶段创造的成果,可以用"现代共和国"这一范畴来概括,其表现有二:在内容方面,通过代议制贯彻主权在民原则,体现国家权力是公有物,国家治理是所有公民的共同事业;在形式方面通过宪政规范公共权力的运行,保护公民权利,防止暴政的出现。"现代共和国"在吸收奴隶制、封建制共和国有益成果的基础上,通过引入代议制、分权制衡等现代理念克服了这些传统共和国——小国寡民、基础脆弱的局限,成功地解决了民主的规模与民主的实现的难题,彻底打破了民主只有在小国才有保障的传统观念。

资产阶级创造的现代共和国,结束了公共权力来源与使用问题上的个人垄断和专横运作,是人类政治文明发展进程中的历史性飞跃,但资产阶级创造的政治文明没有也不可能解决恩格斯所讲的公共权力与人民大众分离的问题。由于历史局限性,它们不可能做到权出之于民、用之于民，在参与、影响公共权力运作方面也不可能真正做到平等。资本主义所标榜的"权利平等"是一种形式上的平等，是资本运作的内在要求和交换价值交换的理想化表现，实质是在政治决定一切的观点上提出问题，是以金钱特权代替封建社会的个人特权和世袭特权。为政府合法性确立基础的普选制也表面给人这样一种印象：由于每个人都在法律上拥有平等的政治权利，所以，好像公民之间是没有阶级、集团或地位差异的，社会不是由相对独立的各种组织而是由平等的孤立原子所组成的，或者即使有差别，也不会影响人们政治权利的平等运用和实施。这种平等权利加上公平、中立的游戏规则——民主程序，就能产生出一个符合公共利益的结果来。然而现实的社会是由多元的组织组成的，而且这些组织的力量及其影响是不同的。拥有较多资源且组织较为严密的少数人，对政治过程和结果的影响要远远大于那些拥有资源较少且较分散的大多数人[1]。因此，如果没有经济基础的深刻变动，公共权力的民有民用就不可避免地沦为虚伪的空谈。

要克服公共权力背离大众的异化，需寄托于新的政治力量的产生和人类政治文明的演进。社会主义政治文明就是在资产阶级创造的政治文明的基础上发展起来的。恩格斯指出："对无产阶级来说，共和国和君主国不同的地方仅仅在于：共和国是无产阶级将来进行统治的现成的政治形式。"[2]现代共和国虽然是在资本主义政治文明发展中形成的，但是，社会主义政治文明也完全可以借这个政治形式来确立和发展，因为，"共和国像其他任何政体一样，是由它的内容决定的。"[3]

因此，社会主义政治文明发展的关键，就是要赋予民主共和国以

---

① 马德普："超越'人民主权'与'三权分立'之争——罗伯特·达尔的民主理论述评"，《教学与研究》2001年第7期。

② 《马克思恩格斯选集》第四卷，人民出版社1972年版，第508页。

③ 同上。

新的内容，就是要使民主共和国成为广大人民当家做主的共和国。用马克思的话说，就是使民主共和国成为使劳动者不仅在政治上，而且在经济和社会上获得解放的政治形式。在这种共和国下，"社会把国家政权重新收回，把它从统治社会、压制社会的力量变成社会本身的生命力；这是人民群众把国家政权重新收回，他们组成自己的力量去代替压迫他们的有组织的力量；这是人民群众获得社会解放的政治形式，这种政治形式代替了被人民群众的敌人用来压迫他们的假托的社会力量。"①马克思把这种共和国称为"社会共和国"，只有在这种共和国下，人民才能获得真正解放，成为国家的主人。

　　由于公共权力的个人所有和独断使用是违背公共权力的"公共"本性的，任何社会都会试图从体制方面做出限制（无论限制的自觉程度和效果如何），政治文明的发展都是指向解决公共权力"公共所有"和"公共使用"的。从小公到大公以至最终消除公共权力的政治性质，是人类解决公共权力的所有和使用问题的发展脉络和走向。马克思和恩格斯在《共产党宣言》中对未来社会公共权力的性质做了经典性的阐述："在发展进程中，当阶级差别已经消失而全部生产集中在联合起来的个人的手里的时候，公众的权力就失去政治的性质。"②这种"新型的公共权力"，将由原来对人的统治变为对物的管理和对生产过程的领导。要实现这种公共权力的质的飞跃，就需要在资本主义社会和共产主义社会之间有一完成这一转变的"政治上的过渡时期"——无产阶级专政。"这个时期的国家是从国家到非国家的过渡，已经不是原来意义上的国家了"③，列宁称之为"半国家"④，因为这种国家不是同人民对立的，人民大众不再被排除在政治体系之外。这种社会主义的"半国家"之所以需要，是因为历史的力量还没有把

---

　　①　《马克思恩格斯选集》第二卷，人民出版社 1972 年版，第 413 页。
　　②　《马克思恩格斯选集》第一卷，人民出版社 1972 年版，第 273 页。
　　③　列宁：《马克思主义论国家》，人民出版社 1964 年版，第 29 页。
　　④　列宁：《国家与革命》，人民出版社 1964 年版，第 17 页。

人们送入摆脱政治引力的轨道。人们还需要这种国家来克服"旧社会的痕迹",使每个人都获得全面发展,使集体财富的一切源泉都充分涌流。社会主义政治文明建设所做的一切努力,最终都是为了彻底消除公共权力的阶级、政治性质,使人"成为自身的主人——自由的人"[1]。

四、当代中国政治文明的主体 结构与核心任务

走向社会主义道路的中国人民经过长期探索,找到了具有中国特色和时代特征的政治文明发展的基本架构,这就是把"党的领导、人民当家做主和依法治国有机统一起来"。人民当家做主要解决公共权力归谁所有的问题,依法治国解决公共权力如何使用的问题,党的领导则是人民当家做主和依法治国的前提与保证。党的领导、人民当家做主和依法治国,是中国特色社会主义政治文明的三大支点和三大基本特征,共同构成了当代中国政治文明的主体结构。

党的领导是公共权力出之于民、用之于民、依法运行的可靠保证,是当代中国社会主义政治文明的突出特色与发展前提。人民当家做主是在中国共产党的领导下实现的,也只有在党的领导下才能顺利健康地向前发展。党的工作的核心,就是支持和领导人民当家做主。党的领导还决定依法治国的方向和进程,任何国家都不是在一张白纸上建构现代法制的,它必须面对既定的社会现实,逐步地完成对传统社会规范的法治改造,在中国这样一个缺乏法治传统的后发国家,依法治国更是离不开党的强力推进和驱动[2]。改革和完善党的领导方式和执政方式,对社会主义民主政治和依法治国的推进具

---

① 《马克思恩格斯选集》第三卷,人民出版社 1972 年版,第 760 页。
② 苗庆旺:"论党的领导、人民当家做主和依法治国的统一性",《北京日报》2002 年 7 月 15 日。

有全局性作用。中央提出"科学执政、民主执政、依法执政"意义重大，标志着我们党治国理念的历史性飞跃。要积极推进党的执政方式的现代转型，逐步确立起党通过国家来领导的制度模式，即党作为执政党，通过全面进入国家制度体系和直接操作国家制度来实现党对国家事务的领导。胡锦涛同志在纪念人大制度成立 50 周年的大会上明确指出：党要"善于运用国家政权处理国家事务"。党的十七届四中全会在通过的"关于加强和改进新形势下党的建设若干重大问题的决定"中，也着重强调要"善于通过国家政权组织实施党对国家和社会的领导"。通过国家政权、民主、依法领导和处理国家事务，将成为中国共产党执政的基本方式。党的权力重心向权力机关转移，将使现行宪法规定的当代中国根本政治制度（人大制度）真正运转起来，将使其从纸上规定变为社会生活中真正的权威。其实，人大是实现党对国家有效领导的最好的制度外壳。按现有法律规定，人大是全权性的最高国家机关，"一府两院"由它产生，对它负责，受它监督；而共产党是全权性的领导党，它对国家的领导是包容一切的。人民代表大会制度作为当代中国的政权组织形式，是最便于党的领导的制度形式。作为全权性的领导党，权力重心转向全权性的国家权力机关，将使国家事实上的最高权威与法律规定上的最高权威真正重合，从而真正激活和有效实施当代中国的政治制度。党的权力重心转入权力机关，也将使人大对"一府两院"的监督之权落到实处、产生权威，从而有效防止公共权力异化和预防腐败。党的权力在立法机关的加强，使党的意志通过在国家立法程序中的活动，转变为对全国有普遍约束力的法律，有利于实现党的领导、人民当家做主与依法治国的统一。党最为核心的基本功能，将是通过人大机制进行的"政治决策"，党的主张通过人大变为法律后，将通过正常的国家制度渠道得到实施。也就是说，党的基本功能将从行政性的变为政治性的，以真正凸显政党最为本质的利益代表和利益聚合角色。这与党的领导理念也是完全一致的，党对国家的领导是政治领导，即政治原则、政治方向的领导。从实践操作角度讲,我国政治体制改革的基本思路也是不断完善人民代表大会制度,强化其权威,提升其制度化水平,不断加强其对"一府两院"的监督。党的权力重心转向权力机关,将使中国的党政关系更为科学合理,并使国家权力真正成为公共权力。中央提出"科学执政",就是要深入研究共产党的执政规律,科学地界定执政党与国家公共权力的不同职能。因为党和国家机关毕竟性质不同、职能不同,政党是社会政治力量不是公共权力,公共权力只能由获得公民授权的全社会代表——国家行使,以党代政是混淆了政党同国家权力的不同性质。中国共产党作为社会政治组织的特性,决定了她把优势建筑在权力之上是靠不住的,真正的优势表现在群众拥护上。靠什么得到群众的拥护?就是靠党的先进性,实现"三个代表"的要求。党的工作的核心,就是支持、领导和保证人民当家做主。要保证实现真正的民主选举,按人民的意志产生国家政权机关,使国家权力真正成为公共权力[①]。党善于依照法定程序把党的政策上升为国家法律,坚持依法治理;党和国家机关的行为都要于法有据,符合程序,不得逾越法律授权的范围;各级组织、每个党员,都要维护法律的尊严,严格依法办事。

　　人民当家做主要解决公共权力怎么来和为谁使用的问题,是社会主义政治文明的价值内核和本质特征。如果背离了人民当家做主的要求,社会主义就不够格,政治文明发展就处于低层次。人民当家做主的要义在于权由民出,在于通过人民民主的制度安排为公共权力奠定正当性基础。正如有的学者所言,中国在经过三十余年的改革开放后,社会分殊化的程度高度发展,已使"中央"日感缺乏足够的权力基础来整合不同社会利益的矛盾和冲突。从深层来看,中央权力基础不足的根本原因恰恰在于中国目前缺乏一套能使社会大众都参与其中的全国性政治过程和政治机制,使它无法像发达经济民族

---

　　① 　朱满良:"社会主义民主政治的发展路向",《光明日报》2003 年 2 月 26 日。

的中央权力那样可以诉诸全国性大选来直接取得社会大众的民意支持,从而以制度化的方式确立自身权力不容挑战的正当性基础。邓小平 1987 年在会见香港特别行政区基本法起草委员会委员时,就明确指出:"大陆在下个世纪,经过半个世纪以后可以实行普选。"①中国政治改革的中心问题,就是通过大众民主的制度安排解决重新奠定公共权力尤其是中央政治权力的正当性基础问题②。需要说明的是,中国共产党一直倡导民主。党的十七届四中全会再次强调"党内民主是党的生命",并醒目提出,"逐步扩大基层党组织领导班子直接选举范围",并"以党内民主带动人民民主"的整体发展。然而,政治发展的相对独立性决定了人民民主要有自己的实现方式和制度安排,不建设就不能发展。社会主义社会应当是最高类型的民主和法治的社会,但并不等于必然是民主和法治的社会。邓小平在总结社会主义国家民主政治曲折发展的经验教训的基础上,深刻指出:"我们过去发生的各种错误,固然与某些领导人的思想、作风有关,但是组织制度、工作制度方面的问题更重要……不是说个人没有责任,而是说领导制度、组织制度问题更带有根本性、全局性、稳定性和长期性。""必须使民主制度化、法律化,使这种制度和法律不因领导人的改变而改变,不因领导人的看法和注意力的改变而改变。"③社会主义政治文明既要解决公共权力的人民来源问题,更要通过长期的制度建设保证公共权力始终为着人民的利益规范、有效地使用。

依法治国是规约权力运行的切实可靠途径。无论是以权利制约权力,还是以权力制约权力,都需要通过法治途径建立起权力约束的刚性结构。列宁曾指出:"没有代表机构,我们不可能想象什么民主,即使是无产阶级民主。"④现代民主的代议制形态,意味着公共权力的

---

① 《邓小平文选》第三卷,人民出版社 1993 年版,第 220 页。
② 甘阳:"走向'政治民族'",《读书》2003 年第 4 期。
③ 《邓小平文选》第二卷,人民出版社 1994 年版,第 146、333 页。
④ 《列宁全集》第三十一卷,人民出版社 1958 年版,第 45 页。

所有者与受托行使者之间存在着一定的分离,隐含着公共权力有背离其所有者的意志而异化的可能。因而,对于公共权力必须有一定的控制,这些控制包括两个方面:一是公共权力体系内的"权力制约";二是体系外的对公共权力的"权利制约"。在民主政治中,权力的不可分只是从权力属于人民的根本意义上讲的,但在权力的具体行使意义上,权力是可分也是必须被"划分"的,这是由权力的自我膨胀的天性决定的。马克思就有人民整体意志基础上的权力有机划分思想,他指出:"把政治国家看作机体,因而把权力的划分不是看作机械的划分,而是看作有生命的和合乎理性的划分,——这标志着前进了一大步。"①党的十六大、十七大与十八大报告均以醒目的形式,历史性地提出和论述了"权力制约和监督"的思路。深圳市政府还率先进行了"行政三分制"(将政府部门分为决策、执行和监督三部分)的改革试验。我们将突破西方国家机械分权的模式,探索出一条有中国特色的、人民整体意志基础上的权力制约的新路子。当然,权力划分作为制约权力的前提,并不必然保证权力受到有效的监督,因为划分后的权力仍有自由裁量的空间和滥用职权的可能性,因而,必须将划分后的权力及其行使置于可操作的相互制约的制度架构中。如果体系内的"权力制约"还是权力受托者之间展开的游戏,那么,就既不能指望权力会自我限制,也不能指望权力的公共性有根本的保障②。于是,以高于权力的权利来制约与监督权力就是必然和更为关键的选择。当然,这种制约也必须通过法治的路径加以确立和保证。法治的基本功能是划定政府权力活动的范围,保障人民的基本权利和自由。政府的权力来源于人民的权利,是有限的,不能超越人民授权的范围。政府的一切活动必须有法律依据,因不法作为给民众造成损失,应有司法救济在内的权利保障机制。

---

① 《马克思恩格斯全集》第一卷,人民出版社 1956 年版,第 255 页。
② 任剑涛:"制约权力:政治观念的重要突破",《南方日报》2002 年 12 月 25 日。

改革开放以来,中国的政治发展是积极有效的,我们在努力探索形成对公共权力的内在与外在的控制机制。诚如燕继荣所说的:"如果20世纪80年代的改革主要是政府放权,也就是政府'割让领地',改变管辖方式,以便给社会自主和个人自由发展腾出更多的空间,那么,90年代中国政府则开始针对自身进行改革。先后推出了人事制度改革——实施了公务员制度,行政机构改革——从精简机构和裁员到职能转变。这应该说是旨在打造现代政府的积极努力。今天,这条线路的改革也还在继续。沿着这条线路,我们也可以看到后来的政府行政审批制度改革、行政问责制的逐步推进和公示制度及听证制度的实施等。"①这些主要是政府展开自我控制的努力。至于对政府的外在控制,我们从20世纪80年代起,用基层民主试验启动了中国的民主化步骤;从20世纪90年代起,在基层探索实行"两票制",形成人民群众对党员领导干部的选择压力。应该说,所有这些方面均取得积极进展。目前,党的领导与中国公共权力运行的制度化水平也在不断提高。如中国政治最高层面的国家主席制度的实质化,即从第三代领导人开始实行党的总书记和国家主席合一制,这为科学解决中国最高层面的党政关系提供了创新思路。郑永年先生指出,这种制度为党领导与参与政府提供了一种极其有效的途径。如果这一政治实践能够加以制度化,就可以为党找到一条有效的参与政权的途径。党不必直接干预政府事务,而是可以通过参与政府而行使政治权力②。同样,中国地方党委书记兼任人大常委会主任的多年实践探索及其制度化,也非常有利于党从行政治理转型成为政治治理,同时也有助于建立一种较为民主的党和政府关系③。林尚立先生也提出了"在全面建立社会主义市场经济基础上实现权力关系制度化"的命题,他指出,社会主义市场经济对权力关系制度化有天然

---

① 燕继荣:"民主之困局与出路",《学习与探索》2007年第2期。
② 郑永年:《中国模式:经验与困局》,浙江人民出版社2010年版,第77—78页。
③ 同上。

的要求,因为只有实现权力关系制度化,权力结构才能相对稳定,权力关系的运作才能依据市场经济的要求走向规范①。可以说,公共权力运行的有序化、规则化,是中国当代政治文明不断进步发展的重要表现。

虽然我们已经确立起人民民主的国家性质,但这种性质本身并不能保证人民民主的自发实现。民主是以法律为支撑的一整套制度体系,由一系列的制度、规范、程序所构成,只有通过法律规定人民的民主权利及其实现的程序和方法,人民民主才能健康、稳妥、有序地推进。当代中国政治文明的核心任务就是要大力加强人民民主的制度化建设,依法规约公共权力的运行,通过制度建设将公仆蜕变为主人的政治风险降到最低限度。

---

① 林尚立:"权力与体制:中国政治发展的现实逻辑",《学术月刊》2001年第5期。

第十章
从官本到人本的文化建设

众所周知,传统中国之所以维持数千年且保持超强的凝集力,最为重要的原因在于中国文化的力量。今天,中国欲屹立于世界民族之林并能长盛不衰,也需借助文化的力量。胡锦涛同志在党的十七大报告中深刻指出:"当今时代,文化越来越成为民族凝聚力和创造力的重要源泉、越来越成为综合国力竞争的重要因素。"党的十七届六中全会审议通过的《中共中央关于深化文化体制改革、推动社会主义文化大发展大繁荣若干重大问题的决定》也高屋建瓴地明确指出:"当今世界正处在大发展大变革大调整时期,世界多极化、经济全球化深入发展,科学技术日新月异,各种思想文化交流交融交锋更加频繁,文化在综合国力竞争中的地位和作用更加凸显,维护国家文化安全任务更加艰巨,增强国家文化软实力、中华文化国际影响力要求更加紧迫。""文化是民族的血脉,是人民的精神家园。"当代中国需要全民深深认同的民族的科学的大众的文化,这种文化是在民族的根本上发展起来的,且符合人类社会发展的根本趋势。

一、传统中国文化"人本"与
"官本"的奇异组合

以儒家为中心的中国传统文化,在内核层是"人本",而在外表层是"官本";或者说,在价值层面是"人本",在操作层面是"官本";也可说是,以"人本"为体,以"官本"为用。在本书第三章我们讲到,传统儒学体系包括两部分,一为"内圣"之学,或谓"仁"学;二为"外王"之学,或谓"礼"学。仁为本,礼为表,由"礼"归"仁","礼"为实现"仁"的时代手段。"礼"是差别性行为规范,讲"君君臣臣父父子子",即是以官为本(也即以君父为本,在传统社会君父与官相通,因而知县谓之父母官,百姓则称子民);而"仁"从人从二,孔子讲是"爱人",传统儿童启蒙读本《弟子规》予以发挥,说是"泛爱众,而亲仁",可见孔子的"仁"说是主人本的。"官本"则是意欲实现"人本"之手段。下面,我们就这一重要问题稍微展开讨论。

中国传统文化的内核是以人为本的,"子不语怪力乱神"①,天地之间人为贵。《论语》中有一关于孔子得知家中马厩失火后第一反应的细节描写,很是形象,"厩焚。子退朝,曰:'伤人乎?'不问马。"②孔子关心的是人不是马,他的所有努力都是着眼人、以人为中心,建立一个和谐有序的人本秩序。且看《论语》中子路问鬼神的著名章节:

> 季路问事鬼神。子曰:"未能事人,焉能事鬼?"
> 曰:"敢问死。"曰:"未知生,焉知死?"③

从对话可看出,孔子的学问是围绕人之此生此世展开,不作与人事无关的无益无用之思辨与讨论④。再看下面一段夫子与徒弟言志的对话:

> 颜渊、季路侍。子曰:"盍各言尔志?"

---

① 《论语·述而》。
② 《论语·乡党》。
③ 《论语·先进》。
④ 李泽厚:《论语今读》,安徽文艺出版社1998年版,第260页。

中国社会政治分析
▶▶▶

> 子路曰:"愿车马衣轻裘与朋友共敝之而无憾。"
> 颜渊曰:"愿无伐善,无施劳。"
> 子路曰:"愿闻子之志。"
> 子曰:"老者安之,朋友信之,少者怀之。"①

  此段话中,夫子师徒三人围绕人与人相处之道而言志,子路讲有好东西绝不独吞,要与大家分享,颜渊讲为人要谦虚谨慎,而孔子讲要尊老爱幼,朋友间有信。这是人与人之间和谐相处之道,是和谐社会的人道要求。关于人与人相处之道,孔子还有更为凝练与根本的概括。孔子的学生子贡很会问问题,孔子很多重要的思想都是子贡问出来的。

> 子贡问曰:"有一言而可以终身行之者乎?"
> 子曰:"其恕乎! 己所不欲,勿施于人。"②

> 子贡曰:"如有博施于民而能济众,何如? 可谓仁乎?"子曰:"何事于仁,必也圣乎! 尧舜其犹病诸! 夫仁者,己欲立而立人,己欲达而达人。能近取譬,可谓仁之方也已。"③

  子贡与孔子的两段对话表明,在孔子的思想中忠(己欲立而立人,己欲达而达人)恕(己所不欲,勿施于人)处于极为重要的地位,忠恕是人与人相处根本之道。其后,在孔子与曾参的对话中,对忠恕之道在孔子学说中的地位作了明确交代。

> 子曰:"参乎! 吾道一以贯之。"曾子曰:"唯。"

---

① 《论语·公冶长》。
② 《论语·卫灵公》。
③ 《论语·雍也》。

子出，门人问曰："何谓也？"曾子曰："夫子之道，忠恕而已矣。"①

"己欲立而立人，己欲达而达人"，"己所不欲，勿施于人"，就是要设身处地地推己及人，尊重人，理解人，关怀人，不将个人意志强加于他人。这就是"仁"，是典型的"以人为本"。

"仁"是儒家主张的人生境界与奋斗目标，然而，欲到此目标必须通过一定的途径。在传统小农社会，不可能走下层路线。小农不能自己代表自己，他们需要别人来代表。在传统中国，他们的代表是贤能型代表，即君父与各级官员。也就是说，实现"人本"，需通过"官本"，具体表现在两个方面：一是制度上实行"礼治"，也就是孔子讲的"克己复礼"以归"仁"。二是政治上实行"选贤与能"的官员代表制。子曰："政者，正也。子帅以正，孰敢不正？"②言为政，官员当做好榜样。

子曰："苟正其身矣，于从政乎何有？不能正其身，如正人何？"③
子路问政。子曰："先之，劳之。"④

即是说，社会的官员与贤明之人，当身先士卒，率恭垂范。"仁"为普照的光，是"泛爱众"，然而，从操作层面讲，行"仁"要走"外王"路线，只能着眼于上层，通过以"官本"带动"人本"。这是传统中国的小农经济基础与帝国政治构造使然，帝国缺乏经理社会之纵深，故不能不寄托于社会上层做榜样与行礼仪。

---

① 《论语·里仁》。
② 《论语·颜渊》。
③ 《论语·子路》。
④ 同上。

今天,传统政治构造与旧制度已被推翻。然而,传统政治与传统制度欲以实现之理想,是否也要连带推翻? 恐怕不能。如若这样,就彻底否定了历史连续性与传统中国人奋斗的一切成果,包括政治文明成果。因此,党的十七届六中全会在审议通过的《中共中央关于深化文化体制改革、推动社会主义文化大发展大繁荣若干重大问题的决定》中,明确指出:"中国共产党从成立之日起,就既是中华优秀传统文化的忠实传承者和弘扬者,又是中国先进文化的积极倡导者和发展者。"可见,中国共产党是中华优秀传统文化的传人,继承和弘扬优秀传统文化是党的神圣使命。

今天,固然实现"以人为本"的旧制度、旧方法失灵了,但我们可以探索新机制与新方法。应该承认,作为传统文化核心的"仁义"理念,在建设"和谐社会"与"和谐世界"的新时代,还有极为旺盛的生命力。

我们相信,在推动文化大发展大繁荣的今天,作为世界文明优秀成果的中华文化的老干上还能发新枝。

二、以人为本作为社会发展 新理念的提出

当然,作为当代思想精华的马克思主义,更是以人为本的科学,是以追求人的解放为根本依归的学问。近年,中央新一届领导集体提出了"以人为本"的施政理念,作为新时期中国社会发展的指导基础。可以说,"以人为本",是马克思主义的核心观念,且与中国传统文化的基本内核气脉相同,因此,以"以人为本"为中心构筑中国新文化,将是具有民族根基的富有无穷生命力的先进文化。

"以人为本"是科学发展观的本质与核心,是坚持立党为公、执政为民的必然要求。"以人为本"不仅是新时期中国社会发展的指导思想,也应是中国文化建设的中心与主基调。有的学者指出,"以人为

本"本来就是欧洲社会主义思想运动的内核,意在修正资本主义制度所带来的诸多弊端①。但新中国成立后,长期坚持以阶级斗争为纲,以人为本不可能提上议事日程。直到改革开放,中国的社会主义建设才再次回到正确轨道。"以人为本"理念的提出与明确,就为今后中国的社会发展指明了方向。

"以人为本"的理念,是对马克思主义最高命题的全新把握与科学探索。俞可平先生指出,马克思主义的命题与观点很多,可能有一个处于轴心地位,我们谓之最高命题或根本观点。马克思主义的最高命题,应是"一切人自由而全面的发展"。恩格斯最早作出类似的概括。他晚年时有记者问他,马克思主义最基本的信条是什么?恩格斯回答说,是《共产党宣言》中的这句话:"每个人的自由发展是一切人自由发展的条件。"马克思在《1844年经济学—哲学手稿》中指出,共产主义是使人以一种全面的方式、作为一个完整的人占有自己全面的本质。在《资本论》中马克思再次强调,每个人自由而全面的发展是共产主义的基本原则②。固然,"人的自由而全面的发展"是马克思主义的最高命题与追求,然而,残酷的历史现实是人无往不在枷锁中,马克思指出,实现人的自由全面发展的最大障碍是劳动异化。劳动按其本性来说,应该是表现人的本质的自由自觉的活动,是人所特有的意志自由和创造力的表现。但在人类的历史进程中,劳动都以异化的形式表现出来:一是"人的依赖"下的劳动形态(依附劳动),二是"物的依赖"下的劳动形态(资本主义雇佣劳动为典型)。两种劳动对人来讲都不是自愿的、自由的,都来自"强制",一是"人的强制"("棍棒纪律"),二是"物的(肉体)强制"("饥饿纪律")。"只要肉体的强制或其他强制一停止,人们就会像逃避瘟疫那样逃避劳动。"③因此,马克思主义的最高使命是克服劳动的异化性质,求得劳动的解

---

① 郑永年:《中国模式:经验与困局》,浙江人民出版社2010年版,第80页。
② 俞可平:《民主是个好东西》,社会科学文献出版社2006年版,第5页。
③ 马克思:《1844年经济学—哲学手稿》,人民出版社2000年版,第55页。

放。最终使劳动由外在强制变为人的自由与自觉的本质活动,成为人的"生活的第一需要"①。马克思因而指出,共产党人的一切工作都"是通过人并且为了人而对人的本质的真正占有"②,从而使人"成为自身的主人——自由的人"③。很清楚,马克思主义的最高使命,就是实现"以人为本",使人成为"自由的人"。

当然,根据马克思主义唯物史观的基本原理,人的解放是一自然历史过程,最终要靠推动生产力不断发展来实现。要靠唤起人的主体性,"以人为本"科学发展。马克思认为,人是自然界中唯一能靠自己的双脚站立和前进的独立存在物,"任何一个存在物只有当它用自己的双脚站立的时候,才认为自己是独立的,而且只有当它依靠自己而存在的时候,它才是用自己的双脚站立的"④。人能通过劳动得到发展与最终解放,是马克思主义的一条最为基本的原理。"以人为本",就是唤起人的主体意识,充分尊重人的个性、尊严和权利,将人民的利益放在最优先的位置,促进人的全面发展。"以人为本"与"人的自由全面发展"实是同一命题的不同表述,其实质是完全一样的。人的全面发展,必然要求人与自然、社会之间的内在和谐,要求人类社会在政治、经济和文化方面协调发展⑤。"以人为本"科学发展,是"人的自由而全面发展"的这一马克思主义最高命题的内在逻辑要求与根本实现途径。

"以人为本"落到施政方面,就是必须把作为创造本原的人,当作世界的本真和最高存在,要尊重人、理解人、关怀人,本着人的价值和需求来决策和行事。改革、发展的所有举措都必须着眼人、为了人、满足人的需要、促进人的发展。发展先进生产力,建设高度物质文

---

① 《马克思恩格斯选集》第三卷,人民出版社 1995 年版,第 305 页。
② 马克思:《1844 年经济学—哲学手稿》,人民出版社 2000 年版,第 81 页。
③ 《马克思恩格斯选集》第三卷,人民出版社 1995 年版,第 760 页。
④ 马克思:《1844 年经济学—哲学手稿》,人民出版社 2000 年版,第 91 页。
⑤ 俞可平:《民主是个好东西》,社会科学文献出版社 2006 年版,第 9 页。

明，目的是满足广大人民日益增长的物质生活需要，使全体人民逐步走向共同富裕；发展先进文化，建设高度精神文明，目的是满足广大人民日益增长的精神文化生活需要，实现人的全面发展；发展民主法制，建设高度政治文明，目的是满足广大人民日益增长的政治生活需要，尊重和保障人权①。改革发展就是要使人类赖以生存的社会趋向更公平、更和谐、更合理，从而为人的全面发展奠定基础。

总而言之，"以人为本"的理念，最终是为了解放人，是谓最为崇高的理念；以"以人为本"为中心构筑的中国新文化，才是最为先进的文化。

三、传统文化的创造性转换

以儒家为主干的传统文化在中国维持了几千年，长久有效，最终成为中国人共同认同的基础构造，这必然有其历史合理性，不能一概否定。牟宗三先生就指出，儒家的义理与智慧具有"常道"的性格。儒家，从古至今，发展了几千年，它代表一个"常道"——恒常不变的道理②。党的十七届六中全会审议通过的《中共中央关于深化文化体制改革、推动社会主义文化大发展大繁荣若干重大问题的决定》也明确指出："文化是民族的血脉，是人民的精神家园。在我国五千多年文明发展历程中，各族人民紧密团结、自强不息，共同创造出源远流长、博大精深的中华文化，为中华民族发展壮大提供了强大精神力量，为人类文明进步作出了不可磨灭的重大贡献。""中国共产党从成立之日起，就既是中华优秀传统文化的忠实传承者和弘扬者，又是中国先进文化的积极倡导者和发展者。"这也说明，传统与现代并不见得一定冲突。现代化问题著名专家艾森斯塔德就反对现代与传统的

---

① 包心鉴："论以人为本"，《中共中央党校学报》2004 年第 3 期。
② 牟宗三：《政道与治道》，广西师范大学出版社 2006 年版，第 1 页。

断裂与对立,他认为,从传统与现代性的关系角度看,"我们可以发现一种令人感兴趣的非连续性与连续性的混合物"。现代化并不需要消灭传统,也不能消灭传统,需要探讨的是应该如何让传统适应或顺应现代化,即让传统为现代化所吸收和整合,传统是现代性的一部分①。司马云杰先生也指出,中国的现代复兴,从根本上说,仍是文化复兴、精神复兴。这种复兴,是离不开中国文化,离不开中国文化根本精神的②。尤其需要强调的是,传统儒家研究人与人如何相处,研究人在人群中如何自我实现,这对今天以人为本建设和谐社会仍有重要启发意义。

我们在本书第三章曾讲过,儒学体系包括"仁"学与"礼"学。仁为本,礼为外在制度表现。礼是讲究贵贱、尊卑、长幼、亲疏的差别性行为规范,具有更多的时代性,是达到仁的一种手段。在传统社会践仁的路径,是行"仁"由"礼",由"礼"归"仁"。应该指出,礼在传统社会是有效的,礼发挥了自己的历史功用。但到了今天,社会正向着现代化市场化迅猛发展,传统的礼已经丧失了其意义与有效性。然而,"仁"作为儒学的内本与核心及根本奋斗目标,仍有其崇高意义。"仁"固然可解释为"爱人",即"己欲立而立人,己欲达而达人","己所不欲,勿施于人",但它的最根本意义,它的本体论意义,则是"天地之大德曰生"③,即天地生生不息的大功能,即宇宙大化流行、创造不已的生命精神。这个大德,其为仁也,乃仁爱之心,生生不已之心;其为义也,则为讲理性,追求生存发展之最大合理性与适宜性④。如此看来,"仁义"为传统中国文化的核心理念,其既可在操作层面,提供"己所不欲,勿施于人"的最低限度的普适性行为规范,也可从本真层面,

---

① 艾森斯塔德:《传统、变革与现代化——对中国经验的反思》,见谢立中、孙立平编《二十世纪西方现代化理论文选》,上海三联书店 2002 年版,第 1089 页。
② 司马云杰:《中国文化精神的现代使命》,山西教育出版社 2008 年版,第 345 页。
③ 《周易·系辞下》。
④ 司马云杰:《中国文化精神的现代使命》,山西教育出版社 2008 年版,第 353 页。

体现泛爱众生、中和位育的恢弘气度。今天，由"礼"归"仁"固然失去了意义，但我们可以探索符合时代特点和社会发展要求的实现人本的路径。

由于传统文化的内核是"以人为本"的，传统文化就能适应社会发展需要，进行创造性转换，以在建设"以人为本"的当代社会中发挥应有的作用。杜维明先生提出了儒家传统的创造性转换，李泽厚先生则提出转换性创造的概念，虽然两人思考问题的着重点不同，但都强调传统文化要跟随社会发展的需要进行现代转型。李泽厚先生明确指出，对孔子、《论语》和儒学，似乎还需要做另一种工作，这就是对这一"半宗教半哲学"的文化精髓既解构又重建的工作。解构便要指出，原典儒学由于来自巫术礼仪，在这种远古礼仪中，对原始氏族首领的品质和人格的宗教要求与社会政治要求本就混在一起。其特征是在道德主义的命令话语下，宗教、政治、伦理三合一，三者交融混同。如前所说，其中，就有宗教性道德与社会性道德两种不同的成分。前者（宗教性道德）由孔、孟到宋儒发展为个体人生境界的儒道（释）互补的准宗教性追求，而为理学所大力倡导，津津乐道。后者（社会性道德）则由孔子而荀子而与道家、法家和阴阳家合流互补，而成为一整套儒法互用的伦理——政治的规范、法则，支配了中国历史两千年。前者是"内圣"，后者是"外王"。这两方面都极重要。这两者一方面是分道扬镳，另一方面又常纠缠一气。今天应该把这两种因素、两个方面、两种道德从儒学中分解出来，把剪不断理还乱的宗教、政治、伦理三合一的这个传统尽可能缕清楚，从而才可能在各种不同层次上谈"批判地继承"和"转化性的创造"。宗教性道德（"内圣"）可以经由转化性的创造，而成为个体对生活意义和人生境界的追求，它可以是宗教、哲学、诗、艺术。社会性道德（"外王"）可以经由转化性的创造，而成为现代政法体系的中国形式：将重视人际和谐、群体关系、社会理想以及情理统一、教育感化、协商解决等特色，融入现代政法的民主体制建构中，而开辟某种独创性的未来之路①。牟宗三先生认为,儒家的核心观念与现代化不冲突,在现代化过程中儒家还能承担其自己的责任。他指出,中国从清末民初即要求现代化,而有人以为传统儒家的学问对现代化是个绊脚石。因此,似乎一讲现代化,就得反传统文化,就得打倒孔家店。事实上,儒家与现代化并不冲突,儒家之于现代化,不能看成是"适应"的问题,而应看成是"实现"的问题,从儒家的"内在目的"就要发出这个东西、要求这个东西②。牟宗三先生指出,儒学还在发展,今天为第三期,所应负的责任即是要开这个时代所需要的外王,亦即开新的外王。他指出,中国以往的学术是向上讲的,儒家讲成圣成贤,重个人修养的往上发展。我们现在讲的下面这一层,亦即现代化的问题,在以前那种社会里并不成个问题;依着它那种形态,在当时是够了,也有相当的合理性,所以讲学的重点不在科学知识,而在讲超越科学知识的道德宗教。以往两千多年是以在道德、宗教方面的表现为胜场,它所树立的固是永恒的价值,但是现在我们知道,只在这方面表现是不够的,学术还是要往前开,开新外王。民主政治、科学、事功精神,就是这个时代所需要的新外王③。现代化愈发展,科学愈推进,就愈能实现儒家修己以安人、修己以安百姓的目的。

在传统中国,以儒家为主的传统文化成为中国人集体认同的重要基础。中国传统文化是一博大精深的体系,如果善于对其进行发掘整理,肯定可以从中找到为今日中国提供新的认同基础的宝贵精神资源。李泽厚先生就指出,如果今天从《论语》到《菜根谭》再到《三字经》等作某种新的摘录编选,重要的是加以新的解说发挥,它们不也可以与《圣经》、佛经和其他宗教读物一样起着同样的慰安人心、稳定社会、健康身心的功能作用吗④? 应该说,这是一个很有远见的

---

① 李泽厚:《论语今读》,安徽文艺出版社 1998 年版,第 6、8 页。
② 牟宗三:《政道与治道》,广西师范大学出版社 2006 年版,第 3 页。
③ 同上书,第 7—17 页。
④ 李泽厚:《论语今读》,安徽文艺出版社 1998 年版,第 10 页。

前瞻性观点。胡锦涛同志在党的十七大报告中就明确指出,要弘扬中华文化,建设中华民族共有精神家园。中华文化是中华民族生生不息、团结奋进的不竭动力。党的十七届六中全会审议通过的《中共中央关于深化文化体制改革、推动社会主义文化大发展大繁荣若干重大问题的决定》,更是明确提出培养高度的文化自觉和文化自信,提高全民族文明素质,增强国家文化软实力,弘扬中华文化,努力建设社会主义文化强国,建设中华民族共有精神家园。

四、以人为本的文化建设

今天,我们已经进入以人为本的文化建设的新阶段。新时期文化建设在我们改革发展的整体布局中处于极为重要的战略地位,正如十七届六中全会审议通过的《中共中央关于深化文化体制改革、推动社会主义文化大发展大繁荣若干重大问题的决定》所指出的:"没有文化的积极引领,没有人民精神世界的极大丰富,没有全民族精神力量的充分发挥,一个国家、一个民族不可能屹立于世界民族之林。物质贫乏不是社会主义,精神空虚也不是社会主义。没有社会主义文化繁荣发展,就没有社会主义现代化。"新时期以人为本的文化建设,要注意解决如下问题。

第一,构筑和强化全社会的核心价值认同。十七届六中全会审议通过的《中共中央关于深化文化体制改革、推动社会主义文化大发展大繁荣若干重大问题的决定》指出:"社会主义核心价值体系是兴国之魂,是社会主义先进文化的精髓,决定着中国特色社会主义发展方向。"当代中国的核心价值观,应包括爱国奉献、自强不息、厚德载物、公平正义、诚实守信等核心观念。要大力弘扬中华传统美德,推进公民道德建设工程,加强社会公德、职业道德、家庭美德、个人品德教育。在全社会形成知荣辱、讲正气、做奉献、促和谐的良好风尚。大力倡导爱国、敬业、诚信、友善等道德规范,形成男女平等、尊老爱幼、扶贫济困、扶弱助残、礼让宽容的人际关系。

第二,树立平等意识,加强对公民权利的平等保护。根据马克思主义基本原理,从"人的依赖"到"人的平等",是实现以人为本的关键一环。马克思早就指出:"平等是人在实践领域对自身的意识,也就是人意识到别人是和自己平等的人,人把别人当作和自己平等的人来对待。平等……表明人的本质的统一、人的类意识和类行为、人和人的实际的同一。"①在社会主义市场经济条件下,人应是自主劳动者,是新型的平等主体。因此,必须严格限制权力进入市场,否则就不可能形成真正的社会主义市场经济,而是形成"权贵资本主义",在新的基础上造成人的不平等。营造"以人为本",尊重人、关怀人的浓厚氛围,搞好"两个保护"(劳动权利与财产权利保护),平衡资本与劳动的关系。资本的本性是逐利,因之资本主义的立脚点是资本,归宿是资本;社会主义的使命是人的(劳动)解放,立脚点是劳动,归宿是劳动。要理顺党、政府与资本的关系。在相当长的时期内,资本和劳动都是发展生产的两个基本要素。不充分利用资本的力量,中国社会发展不起来。不规约资本,部分人会处于可怜的境地。"天地之大德曰生"②,弱者的生命与生存权也必须得到保护,而且还要创造条件让他们更快发展起来。原新华社高级记者杨继绳先生指出:"我一直在外讲,中国当下存在有两种矛盾,一个矛盾是干群矛盾,第二大矛盾是劳资矛盾。干群矛盾的背后是权力缺乏充分的制约,劳资矛盾的背后是资本缺乏充分的驾驭。"中国"今后改革的任务就是制衡权力和驾驭资本。在这一方面,可以参考借鉴人类几百年来探索出来的成功经验。"③为此要坚决厉行法治,划定公共权力的范围与界限。政府的权力来自人民的权利,是有限的,不能超越人民通过法律授权

---

① 《马克思恩格斯全集》第二卷,人民出版社 1957 年版,第 48 页。
② 《周易·系辞下》。
③ 石剑峰:"杨继绳谈当代中国社会阶层",《东方早报·上海书评》2011 年 9 月 11 日。

的范围。除大力加强体系内的权力对权力的监督外，不断培育人民的权利意识，逐步扩大公民有序的政治参与，形成以权利制约权力的有效框架结构。

第三，要促进、保护人的个性自由、创造自由。马克思认为：建立在个人全面发展基础上的"自由个性"，是人类发展的最高阶段。个性自由、创造自由，本身即具有内在价值，是人类幸福不可或缺的要件，更是高度文明的标志。我们既要承认这项权利，又要形成一种体制以实现这种权利。既要鼓励先进又要照顾多数，既要统一思想又要尊重差异，尊重创造。要坚决破除各种障碍，使一切有利于社会进步的创造愿望得到尊重、创造活动得到支持、创造才能得到发挥、创造成果得到肯定。营造全民学习、终身学习的浓厚氛围，推动建立学习型社会，不断促进人的自我开发和能力提高。要树立主体性思维，由过去以"物的开发"为中心逐步转向以"人的开发"为中心，把解放人、开发人作为我国改革开放和现代化建设的根本价值取向和战略发展重点，不断促进人的自立、自强和能力提高。

第四，努力营造诚信、忍让、推己及人的和谐文化氛围。许倬云先生指出，从全球来看，今天是一个混乱与脱序的时代，过去人们所熟悉的价值观都受到质疑与挑战。我们必须尝试建立新的价值认同的基本架构，其可能包括如下内容：其一，是诚实。其二，是容忍。诚实的另一面就是信任；也就是说，我对别人诚实，别人也对我有所信任。从容忍又可以延伸到自尊，即我若存在，我们将心比心，让别人也能存在。当然，新的价值体系必须能够说服人。我们必须从共同存在、共同经验的道德系统出发，造出合乎现在所用的架构①。也许，中华文化内层的"仁爱"之心，"己所不欲，勿施于人"之待人观念，将是建立"以人为本"的普适性价值认同的基础构造。较长一段时间以来，世界上的宗教界、伦理学界，都有一批人提出寻求一种全球普

---

① 许倬云：《从历史看时代转移》，广西师范大学出版社 2007 年版，第 122—129 页。

遍接受的伦理原则的问题。此问题经过长期讨论,大家也有一个共识,认为"己所不欲,勿施于人",是世界各种宗教民族各种文化都可接受的一个基本原则①。也许,"己所不欲,勿施于人"的推己及人之道,将是建立和谐社会与和谐世界的基础规范。

---

① 钱逊:"儒学与人生",载刘梦溪等编《中国高端讲座》,海南出版社 2006 年版,第43 页。

结　语

　　传统中国为一独特的社会体系与政治形态,是由小农经济、帝国政治、儒家文化、士绅社会形成的四位一体的有机整体。以定居农业为基础的小农经济,为传统中国的基础构造。在其上逐步生长出,以伦理为本位的有远近亲疏的差序社会结构(对外的朝贡体系是差序格局之延伸)。此种社会结构,需要贤能型(而不是选举型)的代表机制与管理体制,因而与之相因应并矗立其上的为穿长袍的士人阶层及由其为主体构成的帝国政治形态(士人与皇帝组成帝国政府)。长期作为传统社会领导中心的士人阶层(科举制形成稳定的士人阶层),往上领导政府,于下领导社会,他们组织传统中国之工具则为儒家文化与家族机制。儒家文化以人际协调为中心,讲究修齐治平的"内圣外王"之道,成为编织中国的有效工具。以儒家为中心的传统文化,能够深度将小农经济与帝国政治纳为一体,成为统辖社会各个层面人们行为举止的观念体系,成为传统中国人集体认同的基础。这样看来,传统中国社会与政治有几大鲜明的特点:在社会结构上,是以小农为基础的差序结构;在国家结构上,为"天下国家"(更像天下而不像国家);在治理机制上,为贤能表率型的为民做主体制(当然,能不能做到贤能表率与为民做主则是另一回事);在政治形态上,为家国政治,家国不分,家国同源、家国同构、家国同体。因此,传统中国的小农经济、帝国政治、儒家文化、士绅社会,四者就组成互为强化的有机整体，这也决定了近代中国的社会转型是整体性的大转型，转型将极为艰难。

近代以来，随着西洋人携坚船利炮之势东来，中国遇到了真正挑战。中国被迫走上了社会结构与政治形态转型与重铸的历史性进程。顺便讲一下，近代中国首先遭遇的挑战，是来自国家形态上的挑战。传统中国人有天下观念、家族观念而无国家观念，中国的国家形态更像天下而不像国家，我们称之为"天下国家"。这种"天下国家"，主要是一个文明的空间观念，中心明确、边缘模糊，主要凭借文化优势"威服异邦"、"怀柔远人"。因此，中国自古不尚兵，边不设防（事实上也无明确边界）。传统中国的对外交往模式，乃是差序格局往外延伸之朝贡体系。近代通过工业革命已是脱胎换骨的西洋人再度东来，最想改变的就是这种他们感觉对之不平等的朝贡体系。中国与西方列强一系列战争的结果是，中国的对外交往模式来了个180度的大转弯，由先前对外不平等的朝贡体系一变而为列强对中国不平等的屈辱的条约体系。从此中国深陷严重的民族危机，有被瓜分和亡国灭种的直接危险。这就逼使中国的国家形态由"天下国家"往现代"民族国家"转型，进而引发一系列连锁反应，传统中国长久以来自我维持与运转的内在逻辑就被打断。中国的社会结构与政治形态，走上了整体转型的道路。清朝的皇帝拒绝改革，仍搞专制，不符合潮流，就被革了命。

很清楚，近代以来中国的社会转型，是全面的、整体性的社会大转型，包括经济体制、社会结构、政治模式、行为规范等。本书以泼墨山水的手法，直接勾勒了中国社会政治转型与重铸的大脉络，包括"从天下国家到民族国家"，"从差序格局到平权格局"，"从为民做主到人民民主"，"从权力政治到政治文明"，"从官本到人本的文化建设"等。当然，中国的社会转型过程，也是中国走向现代化的过程。由于现代化内源并率先萌生于西方，西方的社会转型较为顺畅。西方国家如英国及中国的近邻日本，转型较为顺利，其重要原因，特别是英国,有社会转型的支撑力量——贵族。由于中国是后发国家,其现代化的动力不是社会内生的,中国的社会转型与现代化要走有领导、有推动的道路,也就是说,需要有支撑社会转型的有效载体。然而,中国近代以来的历史表明,传统的既有社会阶层无一能肩负起支撑中国社会转型的历史重任。应该指出的是,两千多年来,中国社会一直有一轴心领导力量,就是士人阶层。士人阶层的高稳定和常规继替保证了中国社会长期稳定。然而,近代以来,外来力量的逼迫以及内部作为轴心力量的士人阶层的蜕变和瓦解,则使传统中国陷入旷古未有的整体性危机中。因此,将中国重新组织起来,是中国走向现代、摆脱困局的根本之路。以孙中山为代表的国民党和以毛泽东为代表的共产党,对重组中国都作了探索,但最后都不约而同地选择了借助政党的力量。然而,国民党是一个软弱涣散的政党且与中国社会下层气脉不通,无力肩负重组中国的任务。因而,历史最终选择了中国共产党。中国共产党正是适应了中国需要重新组织起来的时代要求,从而肩负起了推动中国社会转型与现代化建设的艰巨使命。一句话,中国作为后发以小农为基础之大国,社会转型与现代化要走主要依靠现代政党驱动之路。此后,在中国共产党的领导下,对中国社会进行深刻改造和展开全面的国家建设。

建议阅读书目

1. 曹锦清：《黄河边的中国》，上海文艺出版社 2000 年版。

2. 曹沛霖：《政府与市场》，浙江人民出版社 1998 年版。

3. 崔瑞德、鲁惟一：《剑桥中国秦汉史》，中国社会科学出版社 1992 年版。

4. 杜赞奇：《文化、权力与国家》，江苏人民出版社 1994 年版。

5. 费孝通：《江村经济》，《费孝通文集》第二卷，群言出版社 1999 年版。

6. 费孝通：《乡土中国　生育制度》，北京大学出版社 1998 年版。

7. 费孝通：《中国绅士》，中国社会科学出版社 2006 年版。

8. 费正清：《剑桥中华民国史》，上海人民出版社 1992 年版。

9. 费正清：《美国与中国》，世界知识出版社 1999 年版。

10. 费正清、刘广京：《剑桥中国晚清史》，中国社会科学出版社 1985 年版。

11. 冯天瑜、何晓明、周积明：《中华文化史》，上海人民出版社 2010 年版。

12. 葛兆光：《古代中国文化讲义》，复旦大学出版社 2006 年版。

13. 《韩非子》。

14. 何怀宏：《选举社会——秦汉至晚清社会形态研究》，北京大学出版社 2011 年版。

15. 胡如雷：《中国封建社会形态研究》，三联书店 1979 年版。

16. 黄仁宇：《万历十五年》，中华书局 1982 年版。

17. 黄仁宇：《中国大历史》，三联书店 1997 年版。

18. 黄宗智：《华北的小农经济与社会变迁》，中华书局 2000 年版。

19. 蒋廷黻：《中国近代史》，团结出版社 2006 年版。

20. 孔飞力：《中华帝国晚期的叛乱其敌人》，中国社会科学出版社 1990 年版。

21.《老子》。

22. 梁漱溟：《中国文化要义》，学林出版社 1987 年版。

23. 林尚立：《当代中国政治形态研究》，天津人民出版社 2000 年版。

24. 林尚立：《政治建设与国家成长》，中国大百科全书出版社 2008 年版。

25. 罗兹曼：《中国的现代化》，江苏人民出版社 1988 年版。

26. 麦克法夸尔、费正清：《剑桥中华人民共和国史》，中国社会科学出版社 1998 年版。

27. 牟宗三：《政道与治道》，广西师范大学出版社 2006 年版。

28. 钱穆：《国史新论》，三联书店 2001 年版。

29. 钱穆：《中国历代政治得失》，三联书店 2001 年版。

30. 瞿同祖：《中国法律与中国社会》，《瞿同祖法学论著集》，中国政法大学出版社 1998 年版。

31. 沈大德、吴廷嘉：《黄土板结——中国传统社会结构探析》，浙江人民出版社 1994 年版。

32. 司马云杰：《中国文化精神的现代使命》，山西教育出版社 2008 年版。

33.《四书》(《大学》、《中庸》、《论语》、《孟子》)。

34. 汤森：《中国政治》，江苏人民出版社 1996 年版。

35. 王沪宁：《当代中国村落家族文化》，上海人民出版社 1991 年版。

36. 王先明：《近代绅士》，天津人民出版社 1997 年版。

37. 王亚南：《中国官僚政治研究》，中国社会科学出版社 1981 年版。

38. 萧功秦：《中国的大转型》，新星出版社 2008 年版。

39. 许倬云：《汉代农业：早期中国农业经济的形成》，江苏人民出版社 1998 年版。

40. 许倬云：《历史大脉络》，广西师范大学出版社 2009 年版。

41. 易中天：《帝国的终结》，复旦大学出版社 2007 年版。

42. 于建嵘：《抗争性政治》，人民出版社 2010 年版。

43. 俞可平：《增量民主与善治》，社会科学文献出版社 2005 年版。

44. 余英时：《士与中国文化》，上海人民出版社 2003 年版。

45. 张静：《基层政权》，浙江人民出版社 2000 年版。

46. 张仲礼：《中国绅士》，上海社会科学院出版社 1991 年版。

47. 郑永年：《中国模式：经验与困局》，浙江人民出版社 2010 年版。

48. 周振鹤：《体国经野之道——中国行政区划沿革》，上海书店出版社 2009 年版。

49. 朱光磊：《当代中国政府过程》，天津人民出版社 2002 年版。

图书在版编目(CIP)数据

中国社会政治分析/朱新山编著. —上海：复旦大学出版社，2013.1(2025.1重印)
(政治学教学与研究丛书)
ISBN 978-7-309-09412-1

Ⅰ. 中… Ⅱ. 朱… Ⅲ. 政治思想史-研究-中国-高等学校-教材 Ⅳ. D092

中国版本图书馆 CIP 数据核字(2012)第 300709 号

中国社会政治分析
朱新山 编著
责任编辑/马晓俊

复旦大学出版社有限公司出版发行
上海市国权路 579 号 邮编：200433
网址：fupnet@ fudanpress. com http://www.fudanpress. com
门市零售：86-21-65102580 团体订购：86-21-65104505
出版部电话：86-21-65642845
常熟市华顺印刷有限公司

开本 890 毫米×1240 毫米 1/32 印张 6.75 字数 166 千字
2025 年 1 月第 1 版第 4 次印刷

ISBN 978-7-309-09412-1/D·607
定价：38.00 元

《中国社会政治分析》信息反馈表

　　复旦大学出版社向使用本社《中国社会政治分析》教材的教师免费赠送多媒体教学资源,包括配套的教学课件及电子书,便于教师教学。欢迎完整填写下面表格来索取。

教师姓名:＿＿＿＿＿＿　职务/职称:＿＿＿＿＿＿＿＿＿

任课课程名称:＿＿＿＿＿＿＿＿＿

任课课程学生数:＿＿＿＿＿＿＿＿

联系电话:(O)＿＿＿＿　(H)＿＿＿＿　手机＿＿＿＿＿＿

E-mail:＿＿＿＿＿＿＿＿

学校名称:＿＿＿＿＿＿＿＿

学校地址:＿＿＿＿＿＿＿＿　　邮编:＿＿＿＿＿＿＿

学校电话总机(带区号):＿＿＿＿＿

学校网址:＿＿＿＿＿＿＿

院系名称:＿＿＿＿＿＿＿　　院系联系电话:＿＿＿＿＿＿＿＿

邮寄多媒体课件地址:＿＿＿＿＿＿＿＿＿＿＿＿＿＿＿

邮编:＿＿＿＿＿

您认为本书的不足之处是:

您的建议是:

请将本页完整填写后,剪下邮寄到上海市国权路 579 号

复旦大学出版社　马晓俊收

邮编:200433　　　　　　　　联系电话:(021)65643595

E-mail:fudanpress@126.com　　传真:(021)65642892